SUPER SOPHRO

MATHILDE LE PIHIVÉ

SUPER SOPHRO

Des activités et exercices à partager en famille

AMÉTHYSTE ÉDITIONS
2021

Améthyste Éditions
10, rue de Vidailhan
31130 Balma
FRANCE

www.amethyste-editions.com

Retrouvez-nous sur les réseaux sociaux

Facebook @AmethysteEditions
Twitter @AllianceMagique
Instagram @amethyste.editions

Sous la direction de Céline Morange

Couverture : Pauline Riché

Création graphique : Pauline Riché

Mise en page : Mandy Vila

Illustratrice : Stéphanie Gras

Illustrations couverture : ©Stéphanie Gras (illustration principale) ; ©iStock : SB (traits dynamiques), LPETTET (fond orange), Grafikactiva (rond destructuré)

Illustrations intérieures : ©Stéphanie Gras (illustrations), ©iStock : SB (traits dynamiques), LPETTET (fond orange), Grafikactiva (rond destructuré), Ajwad Creative (bulles BD), Yukobo (cadres et blocs-notes)

Un Label des éditions Alliance Magique

ISBN : 979-10-97154-74-5

Dépôt légal : 2e trimestre 2021

Impression : TypoLibris - N° 21040057

Autrefois issue du milieu de la communication, Mathilde Le Pihivé est devenue sophrologue et praticienne en hypnose à la suite d'une reconversion professionnelle réussie. C'est au fil de ses expériences en cabinet qu'elle a notamment développé ses compétences dans l'accompagnement de l'enfance et dans la gestion des émotions. Installée dans le Sud de la France, elle intervient très régulièrement dans des écoles primaires pour faire découvrir à son jeune public les nombreux bienfaits de la sophrologie.

SOMMAIRE

5. MON CORPS, MA MAISON

6. VIVRE LA MAGIE DE L'INSTANT

7. DEVENIR UN SUPER-HÉROS

8. ATTENTION ET CONCENTRATION

9. DANS LES BRAS DE MORPHÉE

PRÉAMBULE

L'enfant possède un univers extraordinaire qui n'appartient qu'à lui. Un monde doté d'arcs-en-ciel, de magie, de dessins, de super-héros et de rires. Des parenthèses de la vie hors du temps et de l'espace. Mais dans ce monde aux multiples facettes, on trouve aussi des peurs, de la colère, de la frustration, des angoisses, et toutes sortes d'émotions auxquelles l'enfant a du mal à faire face. D'un côté, les enfants subissent le manque de confiance, les doutes, les pensées parasites et parfois le stress des parents. L'excès d'écrans, le surplus d'informations et les jeux vidéo stimulent leur cerveau. Les enfants cumulent un trop-plein d'énergie qui s'exprime différemment selon les individus. Ils manquent de concentration, sont fatigués et deviennent parfois de véritables piles électriques. De l'autre côté, en tant que parents, nous avons des journées de plus en plus chargées. Nous cumulons du stress, courons après le temps et sommes moins disponibles pour nos enfants. Nous leur transmettons notre anxiété et nos humeurs, qui résultent de nos incertitudes et de notre fatigue. Il est parfois difficile de communiquer avec nos enfants, qui se sentent incompris. L'enfant est un adulte en devenir, qui a besoin d'être compris par ses parents, guidé et accompagné dans ce chemin de la vie que nous avons tous parcouru. Adultes, nous ne sommes que des enfants qui ont évolué, mais notre univers est différent du leur. Il est jonché de nombreuses questions : les « comment » d'adultes face aux « pourquoi » des enfants. Comment aider mon enfant à bien grandir ? Comment l'aider à s'apaiser ? Comment l'aider à se concentrer ? Comment l'aider à bien dormir ? Nous tentons de répondre à ces questions tant bien que mal. Mais, parfois démunis, n'ayant pas toujours les bons mots, nous avons besoin de nouvelles méthodes. La sophrologie est l'une de ces merveilleuses boîtes à outils qui permettent d'accompagner les enfants dans leur développement personnel et relationnel. Ludique, dynamique et légère, elle s'adapte parfaitement à eux en leur apportant des bénéfices immédiats. Cette méthode repose sur des exercices simples, de respiration et de détente qui aident à gérer les émotions et à se recentrer sur l'instant présent. Les exercices évoqués dans ce livre apportent des solutions pour améliorer le bien-être des enfants. Ils sont efficaces et facilement applicables au quotidien. Le but de la sophrologie pour les enfants est de rendre à chacun d'eux sa place dans le monde. De l'aider à grandir avec bienveillance et apaisement. Ces bienfaits permettent d'améliorer le quotidien de l'enfant en portant un nouveau regard sur les possibilités de l'accompagner, de l'encourager à travers le jeu et le plaisir. Nous avons besoin d'une génération de super-héros capable de se réaliser dans un monde qui se construit. Notre rôle est de lui donner des outils suffisamment puissants pour qu'elle puisse relever les défis qui l'attendent.

Je vous souhaite un beau voyage et de beaux partages.

Chapitre 1

La sophrologie pour les enfants

« VOUS DITES : C'EST FATIGANT DE FRÉQUENTER LES ENFANTS. VOUS AVEZ RAISON. VOUS AJOUTEZ : PARCE QU'IL FAUT SE METTRE À LEUR NIVEAU, SE BAISSER, S'INCLINER, SE COURBER, SE FAIRE PETIT. LÀ, VOUS AVEZ TORT. CE N'EST PAS CELA QUI FATIGUE LE PLUS. C'EST PLUTÔT LE FAIT D'ÊTRE OBLIGÉ DE S'ÉLEVER JUSQU'À LA HAUTEUR DE LEURS SENTIMENTS. DE S'ÉTIRER, DE S'ALLONGER, DE SE HISSER SUR LA POINTE DES PIEDS. POUR NE PAS LES BLESSER. »

JANUSZ KORCZAK

Qui n'a jamais imaginé devenir un jour un super-héros ? Enfants, nous rêvions d'apprendre à voler et à devenir invisible, sans avoir conscience que nous disposions naturellement d'un super-pouvoir, celui de l'innocence. Les enfants sont ainsi dotés de capacités naturelles. Celles d'être présent à l'instant, de s'émerveiller de tout, de vivre les choses avec légèreté et insouciance. Ils ont cette facilité extraordinaire de vivre totalement le moment présent. Leur existence est légère, spontanée et douce. Chaque instant est vécu pleinement sans trop se soucier du lendemain. Nous pouvons souvent le constater : les enfants n'ont pas vraiment la notion du temps. Ils savent se contenter de ce qui est ici et maintenant. Ils sont un véritable exemple à suivre en la matière. Leur esprit étant libre, ils profitent plus facilement de ce qu'ils vivent sur le moment. La pleine présence à l'instant présent est essentielle pour avancer dans la sérénité.

Paradoxalement, les enfants sont submergés par des flots d'émotions : peur, colère, tristesse, angoisse. Ils ressentent divers maux sans savoir mettre des mots dessus. En cabinet, la gestion des émotions est l'un des principaux motifs de consultation. Les enfants que je reçois ont beaucoup de mal à apprendre à faire face aux émotions, et les parents manquent parfois d'outils pour les aider. C'est la raison pour laquelle j'accompagne les enfants mais aussi les parents qui ont besoin d'être aiguillés dans leur quotidien.

En grandissant, les enfants font face à plusieurs difficultés et les parents ne savent pas toujours comment les accompagner. Ils sont rapidement soumis à la pression sociale et aux impératifs de la société : se sociabiliser, devenir autonome, apprendre et réussir… De nombreux enjeux qui sont autant de difficultés pour eux. Au fur et à mesure, l'enfant anticipe et se questionne. Peu à peu, il perd ses prédispositions naturelles, craint le futur, s'arrête sur le passé et rumine des pensées. Un système de performance s'installe dès son entrée à l'école. Il est d'abord noté, jugé, puis il se compare aux autres.

Je rencontre de nombreux enfants qui sont exigeants envers eux-mêmes et qui ont peur de ne pas réussir. Se déclenche alors une quête de perfectionnisme qui entraîne une remise en question et une faible estime de soi. Les craintes, les peurs, les questions existentielles sont aussi des problématiques de plus en plus fréquentes que l'on rencontre chez de jeunes enfants. C'est ainsi qu'un jour j'ai fait la connaissance d'une petite fille de 5 ans terrifiée par l'idée que ses parents puissent mourir. Elle ruminait à longueur de journée de nombreuses idées et des questionnements à ce propos, laissant de côté toute l'innocence de son enfance. En l'espace de quelques séances, cette petite fille a su se détacher de ses peurs, pour se reconnecter à ce pouvoir qu'elle avait mis de côté : vivre le moment présent.

C'est de cette manière que la sophrologie peut accompagner les enfants. Cette méthode est basée sur la pleine conscience. Elle apprend aux individus à être pleinement présent et attentif à ce qu'ils vivent dans l'expérience du moment. Tout en leur étant facile d'accès, elle aide les enfants à préserver cette précieuse capacité naturelle d'être dans l'ici et maintenant. Grâce à un accompagnement personnalisé, ils apprennent à gérer la peur, la colère, le stress ou l'anxiété mais aussi la frustration et l'agitation. Ils prennent confiance en eux, et leurs capacités d'attention et de concentration se renforcent. L'objectif de la sophrologie est de leur donner de nouveaux super-pouvoirs, afin qu'ils puissent grandir sereinement. N'est-il pas merveilleux de grandir avec des outils qui nous seront utiles tout au long de notre vie ?

La sophrologie est aussi une précieuse aide pour les parents. Elle leur donne des clés faciles à mettre en place à la maison pour qu'ils puissent accompagner leurs enfants sur le chemin de la vie. Il est d'ailleurs très utile, voire nécessaire, pour les parents de pratiquer la sophrologie pour eux-mêmes. Cette dernière est là pour les accompagner et les apaiser lorsqu'ils sont surmenés et dépassés par leurs émotions. Ils apprennent à évacuer leurs tensions, à gérer le stress, à lâcher prise, et à se recentrer sur eux-mêmes. Globalement, la sophrologie accompagne les parents pour qu'ils puissent mieux gérer leur quotidien.

LA SOPHROLOGIE, C'EST QUOI EXACTEMENT ?

Mais qu'est-ce que la sophrologie ? Lors de mes premiers contacts avec les personnes qui viennent me consulter, je leur pose cette question afin de connaître l'idée qu'ils s'en font. Certains me disent qu'elle sert à apprendre à respirer. D'autres, qu'elle sert à se détendre. Généralement, ils ont une idée assez floue : « La sophrologie, on ne sait pas trop ce que c'est. » En fait, ce n'est pas une simple méthode de relaxation ni de respiration. La sophrologie est avant tout une technique d'accompagnement qui vise à travailler sur le corps et le mental. Cette approche permet à chacun de développer des ressources et des capacités afin de se sentir mieux dans sa tête et dans son corps.

La sophrologie est une méthode psychocorporelle utilisée comme technique thérapeutique. Créée dans les années 1960 par un médecin neuropsychiatre, le professeur Alfonso Caycedo, elle continue d'évoluer. Inspirée de l'hypnose, du yoga et de la méditation, elle emploie un ensemble d'exercices basés sur la respiration, le relâchement musculaire et la projection mentale. Elle offre la possibilité d'élargir sa conscience pour être pleinement présent dans l'ici et maintenant. Pratiquer la sophrologie, c'est apprendre à identifier ses émotions et à être plus attentif à ses sensations. C'est aussi apprendre à relâcher ses tensions physiques tout en prenant du recul sur les diverses situations. La sophrologie offre la possibilité de porter un nouveau regard sur soi et sur la vie. Elle se pratique régulièrement, afin d'optimiser l'efficacité au quotidien. Des études ont révélé que le cerveau se muscle et se modélise selon les expériences que nous vivons : toutes les capacités que nous avons ont été apprises. Autrement dit, l'entraînement de l'esprit et toutes les actions répétées modifient le cerveau. Nous savons par exemple qu'en sport, si nous voulons plus de force ou de souplesse, notre simple volonté ne suffit pas, il faut s'entraîner. De la même manière, lors d'un accompagnement en sophrologie, si l'on veut être moins stressé ou avoir plus confiance en soi, la simple volonté ne suffit pas, il faut s'entraîner par des techniques qui sont transmises.

Avant tout, la sophrologie s'adapte à chaque individu, à son histoire personnelle et à son objectif. C'est pourquoi, un protocole précis est défini en fonction des besoins de chaque personne. La sophrologie a pour finalité d'améliorer la qualité de vie de chacun. Ces nouvelles perceptions génèrent des changements dans nos comportements, notre attitude envers nous-mêmes et envers les autres, dont nos enfants. Il s'agit d'apprendre à agir et à faire différemment. Et cela devient naturel au fil du temps. Imaginez être soudainement agacé par les chamailleries de vos enfants. Grâce aux exercices et à votre entraînement en sophrologie, vous allez opter pour une meilleure attitude. Plutôt que de laisser monter la tension, après l'avoir identifiée, vous allez la relâcher. Plutôt que d'agir impulsivement, vous allez prendre du recul sur la situation. Après avoir relâché vos tensions psychiques et physiques, vous allez aborder cette situation avec plus de calme. Votre comportement se répercutera automatiquement sur vos enfants. Et vous serez capable d'opter pour cette attitude dans n'importe quelle autre situation. C'est cela, la sophrologie. C'est être capable de naviguer sur l'océan de sa vie, en prenant en compte la météo, les vents et la fragilité de son navire. C'est en retrouvant de l'harmonie que l'on navigue sereinement. Au-delà d'une simple définition ou explication, la sophrologie se pratique et s'expérimente. La sophrologie se vit. C'est à travers sa propre expérience que l'on s'en fait une idée.

Avec la pratique de la sophrologie, les enfants vont apprendre à se concentrer sur leur corps, leurs émotions et leurs sensations. Ils vont développer leur conscience d'eux-mêmes, de ce qu'ils ressentent et de ce qui les entoure. Ils seront comme des petits pirates. Ils pourront explorer leur corps comme une carte au trésor afin d'y découvrir d'extraordinaires capacités.

Même s'ils s'y perdent un peu au début, ils finiront par connaître l'itinéraire dans les moindres détails. Lorsqu'ils connaîtront bien leur corps, ils apprendront à l'écouter et à ressentir les sensations. Au fil du temps, ils pourront construire une véritable boîte à outils avec laquelle ils pourront s'amuser, expérimenter, et qu'ils pourront utiliser dans le quotidien pour gérer leurs émotions ou autres petits maux.

POURQUOI LA SOPHROLOGIE CONVIENT-ELLE AUX ENFANTS ?

Dès le lancement de mon activité, beaucoup d'enfants sont venus me consulter au cabinet. J'ai également reçu des sollicitations pour travailler dans diverses structures auprès des enfants. La demande pour ce type de public est grandissante. D'une part, les parents sont de plus en plus préoccupés par le bien-être de leur enfant. J'entends par là qu'ils font preuve d'une plus grande écoute envers les émotions et les ressentis de ces derniers. Désormais, l'éducation bienveillante est au cœur du développement de l'enfant. Nous voulons adopter une communication positive avec nos enfants. Nous sommes à l'écoute de leurs émotions et de leurs états d'âme. Le revers de la médaille est que nous nous inquiétons beaucoup plus rapidement.

Nous vivons dans une société exigeante où nous attendons de nos enfants qu'ils soient calmes. La moindre agitation ou crise de colère nous alarme facilement. D'autre part, les enfants, de plus en plus précoces, prennent conscience de la complexité du monde. Les écrans, auxquels les enfants sont de plus en plus connectés, sont une première cause. La puberté précoce en est une autre. Il m'arrive de recevoir des petites filles de 8 ou 9 ans mal dans leur peau et préoccupées par leur apparence physique. Des garçons de 10 ans connectés et dépendants de leur téléphone. Je reçois aussi des enfants stressés, angoissés, qui ne savent pas gérer la frustration. Certains qui se posent des questions d'adultes, qui ont des peurs et des craintes. D'autres qui manquent de confiance en eux, qui sont mal dans leur peau, qui souffrent de problèmes de l'attention et d'hyperactivité. Tant d'enfants qui ont besoin d'être écoutés, compris, et qui cherchent des outils qui les aideront à s'épanouir sereinement. C'est précisément ce que la sophrologie va leur offrir.

À l'école, les enseignants sont à la recherche de méthodes favorisant un climat scolaire serein, basé sur l'écoute et la bienveillance. À travers mes interventions dans les écoles, j'ai constaté un réel besoin de la part des enseignants. Dans les classes, les élèves ont des difficultés à gérer leurs émotions et leur frustration. Ils ont du mal à se parler calmement et à s'écouter. Certains comportements sont inappropriés, les enseignants constatent une hausse de la violence. Le souhait de ces derniers est de pouvoir aider les enfants à devenir plus autonomes et plus responsables pour apprendre et vivre ensemble. Je pratique plusieurs ateliers de sophrologie dans différents niveaux, de la maternelle au CM2. Ils se déroulent chaque semaine à raison de 30 à 45 minutes par demi-groupe de classe. Au départ, les enfants se sont d'abord montrés ouverts et coopératifs. Au fil des semaines, ils deviennent impatients et enthousiastes d'avoir ces moments privilégiés pour retrouver le calme. Les enfants souvent agités en début de séance finissent complètement détendus. Les enseignants perçoivent une évolution positive, avec une amélioration du climat en récréation comme en classe. Les enfants développent une meilleure connaissance d'eux-mêmes et du groupe. Ils améliorent leur capacité d'attention et de concentration, et ils ont davantage confiance en eux.

La pratique de la sophrologie est très accessible pour les enfants. Ces derniers ont cette capacité naturelle de vivre les choses telles qu'elles sont. Sans être dans le mental, sans rationaliser et sans être dans le jugement. Les enfants, comme les adultes, aiment se sentir bien. Un enfant choisira d'être serein, plutôt qu'en difficulté. La plus grande facilité des enfants, dans leur recherche du bien-être, est leur capacité à intégrer de nouveaux apprentissages. Avec la sophrologie ludique, les enfants participent à leur bien-être et à leur réussite dans une ambiance de plaisir liée au jeu. Grâce à la pratique d'exercices, ils regagnent la maîtrise d'eux-mêmes. La sophrologie est donc parfaitement adaptée pour eux.

À QUELS ENFANTS LA SOPHROLOGIE CONVIENT-ELLE ?

Selon la maturité de l'enfant, les exercices ludiques peuvent s'appliquer de 5 à 12 ans. Il est parfois possible d'accompagner de plus jeunes enfants lorsque le niveau de compréhension est satisfaisant. Dans ce cas de figure, l'implication des parents sera essentielle. La sophrologie convient à tous ceux qui ne savent pas contrôler leurs émotions, qui ont des colères ou gèrent mal la frustration. À ceux qui ont des peurs et ruminent des pensées parasites. Elle convient aux enfants qui ont des angoisses, des phobies et qui désirent s'apaiser et se détendre pour se sentir mieux dans leur cœur, leur tête et leur corps. De plus en plus d'enfants font des crises d'angoisse avec des symptômes divers : maux de ventre, peur intense, palpitation, difficulté à respirer sans savoir pourquoi ils ressentent cela. Concernant les phobies, j'ai constaté chez une majorité d'enfants une claustrophobie, la peur des espaces clos, comme les ascenseurs.

La sophrologie s'adresse également à tous les enfants qui ont besoin de gagner confiance en eux et de renforcer leur estime d'eux-mêmes. Beaucoup d'enfants doutent de leurs capacités ou entretiennent une image négative d'eux-mêmes. Enfin, la sophrologie accompagne les enfants dans leurs différents troubles : le sommeil, le bégaiement, les troubles obsessionnels compulsifs (TOC), les troubles DYS, les hauts potentiels, le déficit de l'attention et l'hyperactivité (TDAH). Le TDAH est un trouble du neurodéveloppement qui perturbe les fonctions cognitives de l'enfant. Je rencontre au cabinet de plus en plus d'enfants atteints de ce trouble. La sophrologie est une aide précieuse pour les enfants souffrant d'un TDAH. Elle renforce la concentration et l'attention de l'enfant, développe sa confiance, et lui permet d'apprendre à se détendre, à se canaliser et à gérer ses émotions.

La sophrologie ne se substitue pas à un suivi médical, elle n'est pas non plus une psychothérapie. En revanche, elle permet aux enfants d'apprendre à se poser, à se canaliser, à reprendre le contrôle d'eux-mêmes et donc à gérer leurs troubles différemment. La pratique de la sophrologie va favoriser le développement de l'enfant dans plusieurs domaines. Elle encourage l'autonomie, stimule la créativité, améliore les relations avec les autres. De façon globale, elle amène l'enfant à grandir de façon harmonieuse. Lorsque certaines problématiques ne sont pas prises en charge à temps, on découvre, après quelques années, des adolescents ou des adultes présentant une certaine fragilité ou une sensibilité au stress ou à l'anxiété, par exemple. Quelques séances de sophrologie pourront aider l'enfant à mieux comprendre ses tensions et ses émotions, qu'il pourra donc gérer plus facilement.

COMMENT PRATIQUER LES EXERCICES ?

Les exercices de sophrologie ont pour but d'aider votre enfant, entre autres : à prendre conscience de son schéma corporel, apprendre à bien respirer, reconnaître et exprimer ses émotions, apprendre à les gérer, ainsi que maîtriser ces différentes difficultés. Ici, le but de ce livre est de transmettre, clé en main, les outils dont ont besoin tous les parents ou les adultes en contact avec les enfants, désireux d'accompagner ces derniers sur le chemin du bien-être.

Durant les exercices, il est nécessaire d'adopter une posture bienveillante, d'être à l'écoute et de ne pas porter de jugement.

Pratiquer la sophrologie avec les enfants est un moment de partage. Le jeu et le plaisir doivent être au cœur de la pratique des exercices. Il est possible que votre enfant ne soit pas toujours enclin à les pratiquer. On ne doit pas le contraindre. Il sera alors important de susciter sa curiosité en pratiquant vous aussi les exercices. Redevenir un enfant pour mieux comprendre son enfant. Vous allez réapprendre à vous émerveiller d'un rien : observer les couleurs, les nuances et la magie de la vie.

Je conseille souvent aux parents d'instaurer un rituel d'exercices en fin de journée, avant le coucher par exemple. Cela est en effet plus facile pour les enfants et les parents, qui ne sont plus préoccupés par toutes les autres tâches du quotidien. À ce moment de la journée, l'esprit est plus libre. Pour les exercices, il peut être judicieux de trouver un espace calme où votre enfant pourra les pratiquer sans être dérangé.

Afin d'obtenir une progression plus rapide et une assimilation de la méthode qui permettra à votre enfant d'être autonome, il est essentiel de reproduire ces exercices quotidiennement. Plus la pratique est régulière, plus les effets sont perceptibles et plus vous constaterez des changements. La solution est d'instaurer ces exercices comme un rituel dans le quotidien. Les bénéfices ne se perçoivent pas toujours immédiatement après les exercices. La progression peut prendre du temps, de la même façon qu'une fleur mettra du temps pour pousser, grandir et s'épanouir. La patience et la persévérance sont les clés pour réussir à accompagner votre enfant dans ces exercices.

Chapitre 2

La posture en tant que parents

« COMMENT LES ENFANTS APPRENNENT-ILS À CORRIGER LEURS ERREURS ? EN REGARDANT COMMENT TU CORRIGES LES TIENNES. COMMENT LES ENFANTS APPRENNENT-ILS À SURMONTER LEURS ÉCHECS ? EN REGARDANT COMMENT TU SURMONTES LES TIENS. COMMENT LES ENFANTS APPRENNENT-ILS À SE TRAITER AVEC INDULGENCE ? EN TE REGARDANT TE PARDONNER À TOI-MÊME. »

LAO TSEU

J'ai croisé de nombreux parents désemparés. Des mamans seules et isolées, des papas inquiets qui se sentent impuissants. Des parents qui ne comprennent pas toujours les réactions de leurs enfants et n'arrivent plus à faire face à leur quotidien. Aurélie a un petit garçon qui fait de grosses crises de colère. Il lui donne des coups quand il n'obtient pas ce qu'il veut. Aurélie ne parvient pas à gérer les crises de son fils, elle s'emporte et perd le contrôle face à son comportement. Elle est épuisée et se sent complètement dépassée par la situation : « Je fais de mon mieux, mais parfois j'explose et je n'y arrive plus, j'ai honte. » Son enfant la pousse à se mettre en colère, et il est difficile pour elle de se contenir. En tant que parents, nous traversons diverses tempêtes. Les enfants nous apportent joie et bonheur, mais les éduquer engendre de nombreux défis à relever. En grandissant, les enfants expérimentent, s'affirment et sont toujours à la recherche de limites. Nous sommes confrontés à des phases de rébellions, de frustrations, de colères, de refus. Nous nous retrouvons face à des petits êtres qu'il est parfois difficile de gérer, ces derniers n'obéissant plus. Nous perdons alors patience jusqu'à éprouver des sentiments de colère, de culpabilité, de fatigue et de honte. Il n'est pas rare de voir apparaître un burn out parental entraînant un sentiment d'épuisement physique et psychique.

Comment peut-on aider son enfant à se calmer si nous sommes nous-mêmes dépassés ? Si nous consacrons toute notre énergie à notre enfant et que nous sommes exténués, est-ce bénéfique pour lui ? Lorsque nous sommes pris dans le flot quotidien, nous avons tendance à oublier que nous avons nos propres limites. Nous avons pour habitude de courir partout, d'avoir des journées bien remplies, nous subissons des pressions de part et d'autre. Placer son enfant au centre de ses préoccupations en laissant passer ses besoins avant les nôtres crée assurément un déséquilibre.

Nous essayons de bien faire en donnant à notre enfant tout notre temps et toute notre énergie. Mais parfois, l'épuisement provoque des comportements inadaptés. Nous sommes amenés à faire et à dire des choses que nous regrettons. Puis nous culpabilisons en nous remettant en cause : « Mais pourquoi est-ce que je réagis ainsi ? Qu'est-ce qu'il m'arrive ? Je ne suis vraiment pas à la hauteur. » Nous avons le sentiment d'être un parent incompétent. Éduquer un enfant fait ressortir en nous nos parts de lumière mais aussi nos parts d'ombre. Entre peurs et doutes, nous sommes confrontés à ce qu'il y a de plus fragile en nous. Nos enfants nous font prendre conscience de notre seuil de tolérance, et c'est ce qui doit nous pousser à devenir plus doux envers nous-mêmes en prenant le temps de nous écouter. Même s'il est difficile de l'accepter, nous ne sommes pas que des parents : nous sommes des adultes avec nos propres besoins, et nous avons le droit de penser à nous. Quand nous sommes absorbés par la vaisselle, le ménage, la lessive, nous prenons soin de tout ce qui nous entoure sauf de nous-mêmes. Si nous ne prenons pas du temps pour nous, pour nous reposer ou pour souffler, il sera difficile de garder notre calme face à nos enfants. Lorsque nous nous sentons tendus et que nous sommes à bout de forces, c'est qu'il est temps d'écouter les signaux d'alarme de notre corps. Nous ne pouvons pas accueillir les émotions de nos enfants si nous ne commençons pas le chemin nous-mêmes. En nous donnant la possibilité de nous arrêter quelques instants, nous pouvons réagir de manière moins automatisée, et plus calmement.

Pour être pleinement disposé pour son enfant et répondre à ses difficultés émotionnelles, on a besoin de vivre des moments privilégiés avec soi-même. Ainsi, nous montrons à nos enfants qu'il est important de prendre soin de soi, de respecter ses propres besoins et son propre rythme. Nous devons apprendre à prendre du temps pour nous en vivant des moments agréables. Se poser, s'écouter, se recentrer et respirer, c'est aussi simple que cela. Désormais, Aurélie sait lorsqu'elle a atteint ses limites. Elle est capable de faire une pause pour observer la situation. Elle a appris à ne plus réagir de façon immédiate : « Quand il me met à bout, je suis tentée de m'énerver. Alors je m'arrête, je respire et je le regarde comme un enfant qui a besoin de mon amour et de ma tendresse. Je le prends dans mes bras et je le serre fort contre moi jusqu'à ce qu'il se calme. Je sens son cœur battre et je réalise qu'il a besoin de moi. »

La sophrologie est une première étape pour les parents qui souhaitent prendre du recul. Elle va leur apprendre à lâcher prise tout en leur redonnant confiance en eux. Elle va aussi leur permettre de retrouver l'énergie dont ils ont besoin. Les parents sont alors capables de prendre soin d'eux et de prendre du temps pour eux. De cette façon, ils apprennent à décoder leurs propres besoins et ceux de leurs enfants.

L'EFFET MIROIR

Nous avons la capacité de ressentir les émotions et de comprendre les sentiments des personnes qui nous entourent, grâce aux neurones miroirs. Ils sont la clé de tout apprentissage. Grâce à eux, nous imitons les comportements des autres ou leurs actions. Nous pouvons le constater, les enfants apprennent en répétant nos mots et nos gestes. Il en est de même pour les émotions : ils absorbent tout ce que nous ressentons, ce sont de véritables éponges émotionnelles. Lorsque nous sommes stressés, en colère ou tristes, leurs neurones miroirs s'activent. Nos émotions sont transmises aux enfants, qui les ressentent à leur tour. Leurs neurones miroirs provoquent une véritable contagion émotionnelle automatique et involontaire. Les enfants nous imitent, dans nos comportements, nos actions ou nos émotions. Nous pouvons l'observer lorsqu'ils jouent avec leur poupée et qu'ils la grondent, lui font la morale ou la rassurent.

À travers eux, nous apercevons le reflet de ce que nous sommes. La façon dont nous réagissons aux situations va influencer la manière dont notre enfant réagira. Si nous sommes en colère et que nous crions sur notre enfant en lui demandant de se calmer, il sera difficile pour lui de nous obéir. Il est par conséquent essentiel d'être vigilants sur notre façon de gérer nos émotions face à certaines situations. L'enfant se construit en prenant exemple sur notre manière d'agir ou de réagir. En y étant attentifs, nous apprenons sur nous-mêmes et pouvons rectifier nos comportements.

S'il est vrai qu'il est important de montrer l'exemple, nous n'avons pas à chercher la perfection. Nous devons simplement faire au mieux pour mener une vie plus sereine. Nous pouvons nous reconnecter à ce qu'il se passe dans notre cœur, dans notre tête et notre corps. Si nous sentons que nous sommes irrités, alors nous pouvons choisir de faire une pause. Plus nous sommes connectés à notre corps, plus nous prenons les bonnes décisions. Nos sensations guident nos actions. Nous devons être en harmonie avec notre corps pour être cohérents dans nos actes. Nos pensées et nos émotions influent sur notre corps. Lorsque nous sommes agacés, nous allons ressentir du stress et des tensions. À l'inverse, nous pouvons aussi agir sur nos pensées et nos émotions en amenant du calme dans notre corps. Nous pouvons prendre le temps de respirer. Lorsque notre corps se détend, notre mental s'apaise. Nos émotions s'estompent, nos pensées ralentissent. Lorsque nous adoptons une attitude plus positive et que nous apaisons nos réactions, nos enfants s'imprègnent de notre comportement.

ET SI ON ÉCOUTAIT SON ENFANT INTÉRIEUR ?

Une maman est venue me consulter parce qu'elle n'arrive pas à faire baisser la pression quand elle est en conflit avec son fils. Elle ressent un trop-plein d'émotions et ne comprend pas ce qu'il se passe en elle. Dans ces moments de tensions, elle revoit sa propre enfance, les moments où elle se confrontait à ses parents. Elle revoit également, en elle, sa propre mère en train de réagir. Pourquoi nos enfants provoquent parfois de telles réactions ? Souvent, c'est parce qu'ils nous renvoient à notre propre enfant intérieur. Nous avons des parties de nous fragilisées parce qu'elles ont été autrefois blessées et dont les souffrances se réactivent. Ces parties n'ont pas été consolées ni acceptées, alors elles s'expriment dans certaines situations. Notre enfant renvoie en miroir l'image de l'enfant que nous étions. Nous pouvons alors avoir deux types de réactions : soit nous nous identifions à nos parents et nous réagissons comme ils l'auraient fait ; soit nous nous identifions à l'enfant que nous étions et nous réagissons comme lui. Cette maman a des réactions disproportionnées face à son fils parce qu'une partie d'elle-même a été touchée. Elle a gardé pour elle des blessures qu'elle n'a pas su exprimer face à sa propre mère. Quand nous surréagissons face au comportement de notre propre enfant, nous pouvons marquer une pause, respirer et observer ce qu'il se passe en nous : « Qu'est-ce que je ressens en moi ? Qu'est-ce qui me déplaît ? Est-ce que ça me rappelle une situation que j'ai connue en étant enfant ? » Nos enfants nous invitent à nous questionner et à réfléchir sur nous-mêmes. Nous pouvons être amenés à comprendre et écouter quelle partie de nous a été blessée, pour agir dessus. L'enjeu est d'apprendre à nous différencier et à distinguer nos propres émotions de celles de nos enfants : « Ce que je ressens, c'est cette partie de moi qui a été autrefois blessée et qui n'a pas été écoutée. Aujourd'hui, elle s'exprime car elle a besoin que je lui porte mon attention. » Notre enfant réactive certaines plaies sur lesquelles nous devons travailler. Nous pouvons nous connecter à notre enfant intérieur pour comprendre nos blessures. Nous pouvons aussi nous y connecter pour retrouver cette part de nous qui aspirait à s'émerveiller de tout et de rien. Cet enfant qui passait des heures à contempler le ciel, à inventer des formes aux nuages, à sauter dans les flaques et à compter les fourmis. Cet enfant qui a grandi pour devenir aujourd'hui un adulte et qui a perdu au fil du temps la notion de l'instant présent. Nous devons faire la paix avec cet enfant intérieur en nous le réappropriant. De cette façon, nous pourrons profiter pleinement de nos petits chérubins, qui sont venus enjoliver nos vies.

Nous ne sommes pas nés parents mais nous apprenons à le devenir grâce à nos enfants. Ils sont le miroir de notre vie intérieure. Ils nous poussent à mieux nous comprendre pour mieux nous accepter. En reflétant nos comportements et nos réactions, ils nous incitent à nous améliorer. Ils nous confrontent à nos limites et nous incitent à poser un regard sur notre réalité intérieure. Ils nous apprennent à nous respecter et à nous aimer. Si nous apprenons à les observer, nos enfants ont beaucoup à nous apporter. Si nous apprenons à les écouter, ils sont capables de nous éclairer et de nous guider.

TRAVERSER LES TEMPÊTES

Comment réagir lorsque notre enfant nous agace ? Comment faire pour ne pas nous laisser déborder par nos émotions ? On ne peut pas arrêter la tempête, on peut seulement apprendre à la traverser. C'est de cette manière que nous pouvons prendre du recul. Nous devons apprendre à être spectateurs de la situation en essayant de l'observer, comme nous pourrions observer la nature d'une tempête. Si nous parvenons à faire un pas de côté, nous ferons de meilleurs choix. En décidant de ne pas nous laisser embarquer dans le tumulte de la tempête, nous apprenons à réagir de façon moins automatique. Nous prenons conscience de la petite tornade qui prend forme devant nous et remarquons que nous sommes à bout.

Plutôt que de nous laisser aspirer par cette tornade, nous allons marquer une pause. Nous faisons ce pas de côté pour observer : « Qu'est-ce qui me traverse à cet instant ? Qu'est-ce que je ressens ? » Si je sens en moi des tensions, de la tristesse, de la colère, c'est le moment d'entrer en introspection. Je commence simplement par observer et ressentir ce qu'il se passe dans mon corps. Je prends conscience des éventuelles tensions dans mon corps pour ne pas me laisser submerger par elles. Écouter les messages de son corps, c'est avoir un point de repère pour ne plus réagir en pilote automatique. Se poser et prendre quelques instants pour respirer aide à détendre le corps et calme les pensées. Quand on a conscience de la nature de la tempête, on est capable de s'équiper pour la traverser sans encombre.

Nous savons que nous n'avons pas de contrôle sur la météo. Parfois, il peut faire un temps désagréable. L'important n'est pas tant de savoir quel temps il fera demain car nous n'avons pas le pouvoir d'agir dessus. Mais nous devons plutôt consacrer notre énergie à la manière dont nous allons réagir face à cette météo. Le seul pouvoir que nous avons, c'est d'agir sur nos propres réactions. Ce qu'il est important de retenir, c'est que nous avons toujours le choix. Nous pouvons choisir de ne pas nous laisser entraîner par nos émotions ni par celles de nos enfants. Nous pouvons choisir de réagir de façon plus posée. Nous pouvons choisir de mettre de l'énergie là où elle sera la plus utile.

Alban est un papa qui dépense beaucoup d'énergie face aux demandes incessantes de ses filles. À chaque fois qu'elles l'interrompent, il s'emporte et élève la voix. Il est devenu intolérant à la moindre réclamation de leur part et ne contrôle plus ses propres réactions. Le schéma se répète et il a conscience que cela ne fonctionne pas. Nous avons travaillé sur la prise de conscience de ses tensions et sur la prise de recul. Alban m'avoue qu'il est difficile pour lui de mettre en place ces outils car cela lui demande un effort et de l'énergie. Je lui ai proposé d'évaluer sur une échelle l'énergie qui lui restait après avoir réagi comme il en avait l'habitude. Il a ensuite évalué l'énergie qui lui restait après avoir mis en place les outils sur lesquels nous avons travaillé. La comparaison entre ces deux échelles était incontestable : il avait beaucoup plus à perdre en agissant en pilote automatique qu'en mettant en place de nouvelles méthodes. À la fin de l'accompagnement, Alban me révèle que ce qui lui demandait un effort au début lui est devenu complètement naturel. Il a changé ses habitudes. Des personnes viennent me voir en me disant qu'elles réagissent d'une certaine façon et qu'elles ne peuvent pas changer. La bonne nouvelle, c'est que nous avons cette fabuleuse capacité de pouvoir ancrer de nouvelles habitudes et de nouveaux schémas de réactions. Il ne s'agit pas de changer complètement notre façon d'être mais simplement d'apprendre à nous comporter différemment face à certaines situations. C'est aussi cela le pouvoir singulier de la sophrologie.

LÂCHER PRISE

Je vois tant de parents qui sont très inquiets tout en culpabilisant de ne pas être à la hauteur ! Nous courons après la quête de la perfection mais nous avons tendance à l'oublier : nos défauts font partie de nous. Nous devons accepter d'être des parents imparfaits. Être bon parent, c'est simplement faire du mieux que l'on peut. Et pourtant, nous sommes nombreux à nous dire que nous n'allons pas y arriver. Pour se détacher de la pression, il faut savoir se détacher de ses pensées. Celles qui nous mènent à la culpabilité, à la remise en question, à l'incertitude et aux ruminations : « J'ai l'impression que je ne vais pas y arriver », « Je suis perdue, je ne sais plus quoi faire », « Et si j'agis mal pour mon enfant, et si je me trompe ? »

Nos pensées négatives sont comme un tourbillon dans notre tête, elles sont infinies. À chaque fois que nous projetons des pensées négatives, nous créons un film intérieur qui génère des tensions. Or, le cerveau ne fait pas la différence entre le réel et l'imaginaire. À chaque fois que nous pensons à quelque chose, notre pensée devient la réalité. Nous en faisons souvent l'expérience dans notre quotidien. Nous nous projetons dans une situation qui nous inquiète et nous imaginons le pire. Automatiquement, nous ressentons des tensions dans notre corps, comme si nous vivions réellement la situation. En projetant ces images négatives, notre cerveau nous fait vivre la situation comme si elle était réelle. Nous avons tendance à imaginer le pire et nous croyons à ces scénarios improbables. La pensée exerce sur nous un pouvoir qui influence nos comportements. Nous devons apprendre à ne pas nous identifier à nos pensées, d'autant plus qu'elles ne reflètent pas nécessairement la réalité. Nous ne sommes pas nos pensées, et celles-ci ne nous définissent pas.

Pour ne pas nous laisser aspirer par notre mental, nous devons revenir dans notre corps. Être à l'écoute de nos sensations et de notre respiration. Lorsque nous nous mettons à l'écoute de notre corps, nous apprenons à y voir plus clair. Dans un souffle, nous laissons nos pensées s'envoler pour nous reconnecter au moment présent. Le lâcher-prise s'installe quand nous cessons de vivre dans le passé ou le futur. Nous lâchons prise quand nous sommes pleinement dans l'ici et maintenant en observant ce qu'il se passe, sans jugement. Vivre l'instant présent nous invite à nous détacher de nos doutes et nos croyances. Plus nous sommes présents, plus nous arrivons à relâcher la pression. En tant que parents, cela signifie que nous devons nous nourrir des petits bonheurs du quotidien : regarder notre enfant qui joue, entendre son rire, être simplement là, près de lui. Nous devons rediriger notre attention sur ce qui est positif plutôt que nous focaliser sur les imperfections. En alimentant le positif dans notre quotidien, nous laissons moins de place pour le négatif.

Nous devons être conscients qu'avant d'être parents, nous sommes des personnes avec des besoins et des envies. Nous ne sommes pas des robots. Il est important d'accepter nos limites, d'accepter que nous ne pouvons pas tout savoir, et parfois nous devons apprendre à dire non. L'une des clés du lâcher-prise, c'est d'accepter les choses telles qu'elles sont avec leurs imperfections. Pour aider nos enfants à bien grandir, il est nécessaire de ne plus chercher à tout contrôler. Apprenons à nous faire confiance en laissant nos peurs et nos doutes s'envoler. Respirons et laissons notre souffle nous apaiser. Il est important de se donner des permissions. Nous avons le droit d'être fatigués, exténués, de ressentir ce que nous ressentons. Nous avons le droit de prendre du temps pour nous, de nous faire plaisir. Nous avons le droit de faire des erreurs, de nous tromper, de ne pas savoir, de ne pas toujours faire des efforts. Nous avons aussi le droit de nous pardonner et de demander de l'aide. Nous faisons de notre mieux chaque jour en fonction de notre humeur, de notre fatigue et de nos émotions. Nous devons refuser de croire que nous devons toujours être performants. En nous offrant ce regard bienveillant envers nous-mêmes, nous ouvrons de nouvelles perspectives, celles de dépasser nos croyances limitantes, qui nous freinent et nous empêchent d'avancer. Le mental est malléable, nous pouvons modifier la façon dont nous percevons les choses. En changeant nos mécanismes de pensées, nous faisons le choix de nous diriger vers une vie plus sereine.

PRATIQUER LA BIENVEILLANCE

Nous savons que pour bien grandir, l'enfant a besoin d'estime de lui, de confiance, de reconnaissance et d'amour. Mais encore faut-il changer notre regard sur la façon dont nous considérons notre enfant. Nous avons tendance à vouloir le conformer à notre image plutôt que de l'accompagner tel qu'il est. Lorsque nous prenons conscience de cette nuance, nous apprenons à ne plus être dans un rapport de force. Florence, maman d'une petite fille de 7 ans, se confronte très régulièrement à sa fille : « Je veux que sa chambre soit nickel, mais à chaque fois que je lui ordonne de la ranger, ça se termine en pleurs. » Florence impose sa vision du rangement, ce qui crée un blocage chez sa fille. Pour sa fille, sa chambre représente son refuge, c'est son espace à elle. En formulant différemment sa demande : « Comment aimerais-tu que ta chambre soit rangée pour te sentir bien ? », Florence a su se faire écouter. Au lieu de se confronter à sa fille, elle l'a invitée à coopérer. Lorsque l'on considère son enfant comme un être à part entière qui dispose de ses propres besoins, on opte pour une nouvelle façon de communiquer. Si nos enfants ont tendance à être « plus sages » et à mieux obéir quand ils sont avec des personnes extérieures, c'est parce qu'ils ne sont pas dans ce rapport de force. Plus nous essayons de contrôler notre enfant, moins il répondra à nos attentes. À partir du moment où nous sommes dans l'écoute et l'accompagnement plutôt que dans la possessivité et la domination, nous ouvrons une nouvelle forme de relation. Notre enfant se sent en confiance et en sécurité lorsque nous le voyons tel qu'il est. Il se sait écouté et compris. Il apprend à parler de ses émotions, à être autonome et responsable. Nous devons considérer notre enfant comme un être à part entière. Lui laisser la place nécessaire pour lui permettre de prendre conscience de qui il est. L'autoriser à agir et penser différemment pour qu'il se réalise. En agissant ainsi, nous lui permettons de construire sa propre identité. Il pourra alors prendre conscience de ses ressources, de ses forces et de ses faiblesses, et parcourir son propre chemin.

Apprendre à accueillir et à respecter les besoins et les émotions de son enfant est un premier pas vers la pratique de la bienveillance. Nous pouvons intégrer cette bienveillance dans notre quotidien en apprenant à notre enfant à exprimer ce qu'il ressent. Nous pouvons l'aider à surmonter ses tempêtes émotionnelles grâce à notre écoute et notre empathie. Mais comment être bienveillants envers notre enfant si nous ne le sommes pas envers nous-mêmes ? Si nous ne sommes pas à l'écoute de nos propres besoins, il nous sera difficile d'être à l'écoute des besoins de nos enfants. Afin d'être bienveillant envers ces derniers, il convient de faire preuve de bienveillance et de compassion envers soi-même. Notre vision de la parentalité peut être différente de ce que l'on aurait imaginé, et nous devons l'accepter. Nous avons des exigences et des attentes envers le parent que nous sommes. Il est parfois difficile de relever tous les défis que nous nous sommes imposés. Nous avons un niveau d'exigence élevé et sommes rarement tendres envers nous-mêmes. Nous sommes parfois tellement focalisés sur nos difficultés que nous n'arrivons plus à apprécier nos qualités. La sophrologie est aussi là pour nous apprendre à poser un regard plus doux sur nous-mêmes. Elle nous aide à explorer nos sensations corporelles, nos émotions et les pensées qui les accompagnent.

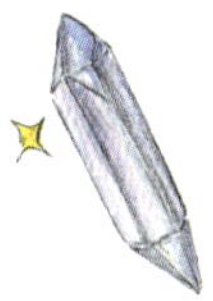

Nous pouvons apprendre à ressentir nos sensations physiques : « Qu'est-ce qu'il se passe dans mon corps ? », « Où est-ce que je ressens des tensions ? » ; à observer nos pensées : « Est-ce que cette pensée m'est utile ? » ; à accueillir nos émotions : « Qu'est-ce que cette émotion vient me dire ? », pour apprendre à nous défaire de ce qui nous pollue. Lorsque nous laissons s'échapper nos tensions et notre énergie négative, nous apprenons à nous détendre. Nous pouvons nous demander : « Et là, maintenant, de quoi est-ce que j'ai besoin ? », et y répondre. Parfois, il suffit de s'asseoir un instant et respirer en toute conscience. Écouter sa respiration, les pulsations de son cœur ou simplement le silence. En apprenant à prendre du temps pour nous, nous permettons à nos enfants de le faire pour eux-mêmes. En embrassant le positif au quotidien, nous leur inspirons et transmettons ce positif. La bienveillance dont nous faisons preuve envers nous-mêmes, notre manière d'être, est un enseignement

pour nos enfants. Nous apprenons à la fois à être plus conciliants envers nous et envers nos enfants, tout en transmettant à ceux-ci des valeurs de compassion et d'amour de soi.

Savoir poser un acte d'amour envers soi, sortir de sa culpabilité et de sa souffrance, renouer avec son enfant intérieur, savoir lâcher prise, voilà tout un programme. Si cela nous paraît être une montagne difficile à atteindre, rappelons-nous cette citation de Confucius : « Le bonheur n'est pas au sommet de la montagne mais dans la façon de la gravir. » Essayer, oser et entreprendre apportera toujours quelque chose de positif même si nous n'obtenons pas les résultats attendus. Rappelez-vous que vous faites toujours de votre mieux.

ACCOMPAGNER SON ENFANT AVEC LA SOPHROLOGIE

L'objectif de ce livre est de vous donner des clés pour que vous puissiez accompagner votre enfant sur le chemin du bien-être. Il ne se substitue en aucun cas à un accompagnement thérapeutique.

Chaque chapitre aborde une thématique dans laquelle vous trouverez des conseils et des exercices pratiques. Ils sont inspirés d'exercices de sophrologie appliqués en cabinet. Les exercices visent à donner des outils à votre enfant pour que celui-ci apprenne à respirer, à se détendre et à gérer ses émotions. Vous pouvez le laisser les pratiquer seul ou les faire avec lui. En vous prêtant au jeu, vous vivrez un moment privilégié de partage et de complicité avec votre enfant.

COMMENT INCITER MON ENFANT À PRATIQUER LES EXERCICES ?

Pour que les enfants voient l'intérêt de pratiquer les exercices, il est important qu'ils en comprennent l'utilité. Dans votre approche, soyez simple et ludique. Montrez à votre enfant que l'on peut s'amuser tout en se relaxant ou en apprenant à gérer ses émotions. Pour cela, vous pouvez pratiquer les exercices avec lui. Grâce aux neurones miroirs, les enfants vous imiteront plus facilement. En lisant ce livre, vous pourrez mieux comprendre l'approche de la sophrologie, ce qui vous aidera à montrer à votre enfant l'importance des exercices. Pour les rendre plus disponibles aux apprentissages, commencez par des exercices dynamiques et terminez par de la relaxation. N'oubliez pas : les enfants doivent prendre du plaisir et pratiquer les exercices comme un jeu !

À QUEL MOMENT PRATIQUER LES EXERCICES ?

À tout moment de la journée, mais si possible, attendez que votre enfant soit prédisposé pour les faire. S'il doit ensuite jouer avec un copain, il sera moins présent et moins attentif lors de l'exercice. N'attendez pas non plus qu'une émotion soit trop envahissante pour faire les exercices, car il sera alors sans doute plus difficile pour lui de pratiquer. Vous pouvez inclure quelques exercices dans les rituels du soir de l'enfant, cela l'aidera à bien dormir ensuite. Vous pouvez aussi lui proposer de les faire à d'autres moments de la journée : cela vous incitera, votre enfant et vous, à souffler et à faire une pause dans votre journée.

COMMENT PRATIQUER LES EXERCICES ?

Des recommandations sont indiquées dans les encarts « Comment ? » et « Quand ? ». En revanche, il n'est en aucun cas obligatoire de suivre ces conseils. Assis, allongé ou debout… L'important est que les enfants se sentent confortables et à l'aise. De même, si un enfant ne veut pas fermer les yeux, il peut les laisser ouverts ou semi-ouverts. Bien souvent, les enfants ont du mal à garder les yeux fermés longtemps. S'ils le souhaitent, ils peuvent les ouvrir pendant la relaxation. Cela n'atténuera pas les bienfaits.

À QUOI SERVENT LES EXERCICES ?

Que ce soit pour apprendre à gérer leurs émotions, mieux dormir, prendre confiance en eux ou mieux se concentrer, les exercices doivent avant tout permettre aux enfants de se sentir bien. La sophrologie est un outil qui peut les aider à mieux se connaître et à prendre conscience de leurs ressources intérieures. Elle les aide à prendre de la distance et à oublier les tracas du quotidien. Enfin, elle rompt les automatismes pour apprendre à faire et à agir différemment.

QUEL EST L'ENDROIT IDÉAL POUR LA PRATIQUE ?

N'importe où, cela peut être à la maison, par exemple dans la chambre de l'enfant, dans le jardin… L'important est que votre enfant puisse être dans un endroit calme, sans stimuli et sans être dérangé.

FAUT-IL RÉPÉTER LE MÊME EXERCICE PLUSIEURS FOIS ?

Les enfants se lassent très vite, mais il est tout de même important que les exercices soient pratiqués plusieurs fois. La répétition aide les enfants dans leur progression. Cependant, il est préférable d'alterner les exercices, d'autant plus quand les enfants sont jeunes. Il vaut mieux les varier afin de ne pas lasser les enfants, ce qui serait contre-productif.

EST-CE QUE LES EXERCICES DOIVENT ÊTRE PLANIFIÉS ?

Je vous conseille de planifier quelques exercices dans la semaine pour favoriser la régularité et la répétition. L'enfant doit aussi pouvoir être libre de pratiquer les exercices quand il en ressent le besoin.

DANS QUEL ORDRE MON ENFANT DOIT-IL PRATIQUER ?

Priorisez les exercices en fonction des besoins de votre enfant. Cependant, il est toujours utile de commencer par l'apprentissage de la respiration. Dans la plupart des exercices, cette dernière est présente. L'enfant doit comprendre l'importance de ce précieux outil, qui est très utile et aide dans beaucoup de situations. Commencez donc par le chapitre « Au commencement, il y a le souffle ». Pour les plus jeunes, vous pouvez aussi axer les exercices en priorité sur la prise de conscience du schéma corporel du chapitre « Mon corps, ma maison ». Ils apprendront à mieux connaître leur corps et à se sentir mieux avec lui. Ensuite, vous pourrez piocher d'autres exercices selon votre ressenti et les besoins de votre enfant. Pour cela, les chapitres sont classés par thématique.

EST-CE QUE MON ENFANT PEUT PRATIQUER D'AUTRES EXERCICES MÊME S'IL N'EST PAS CONCERNÉ PAR LA PROBLÉMATIQUE ?

Bien sûr, cela pourra même lui être utile. Tous les exercices présents dans ce livre peuvent être adaptés à tout type de situations. C'est ce qui est magique avec la sophrologie ! Par exemple, votre enfant peut pratiquer l'exercice « la poudre magique », qui l'aidera à s'endormir. Il peut aussi pratiquer les exercices « s'ancrer comme un arbre » ou « la pierre précieuse » pour renforcer sa confiance en lui.

À QUEL ÂGE PEUT-ON PRATIQUER CES EXERCICES ?

À n'importe quel âge ! Petits et grands peuvent se prêter au jeu. Selon la maturité et la compréhension de l'enfant, les exercices peuvent débuter entre 4 et 5 ans, et s'étendre jusqu'à l'âge de 12 ans et plus encore.

COMMENT ADAPTER LES EXERCICES SELON L'ÂGE DES ENFANTS ?

Il faudra adapter le vocabulaire et l'élaboration des consignes. Pour les plus petits, les exercices doivent être courts et les plus ludiques possible. Quel que soit l'âge de l'enfant, essayez d'adapter les exercices selon ses goûts, ses envies et son univers.

EST-CE QUE JE DOIS ÊTRE PRÉSENT LORS DES EXERCICES ?

Il est peu probable que votre enfant fasse les exercices de lui-même, surtout au début. De nombreux enfants considèrent qu'ils ne passent pas assez de temps avec leurs parents. Ces moments privilégiés passés avec vous lui sont précieux. Prenez le temps de l'accompagner dans un premier temps. Passez ce moment ensemble dans l'échange et dans le plaisir. Bien sûr, les exercices visent l'autonomie de l'enfant. Lorsqu'il les aura bien intégrés, vous pourrez lui proposer qu'il pratique seul dès qu'il en ressent le besoin.

DE QUOI AI-JE BESOIN POUR FAIRE PRATIQUER LES EXERCICES À MON ENFANT ?

Aucun matériel n'est nécessaire. Cependant, pour rendre les exercices plus ludiques, vous pouvez y ajouter des accessoires. Pour cela, inspirez-vous des idées proposées dans l'encart « Le petit + ludique ». Mais avant tout, le plus important, c'est votre présence, votre amour et votre bienveillance.

MON ENFANT NE VEUT PAS FAIRE LES EXERCICES, QUE DOIS-JE FAIRE ?

En aucun cas, il ne faut contraindre l'enfant à pratiquer les exercices. Ce n'est pas une obligation. Dans le cas contraire, il pourrait vivre cela comme une punition, et ne pourra donc pas bénéficier des bienfaits de la pratique. Les exercices doivent rester un jeu. Laissez à votre enfant le temps de sentir ce dont il a besoin. Quand il sera prêt, il pourra essayer certains exercices.

PENDANT COMBIEN DE TEMPS MON ENFANT DOIT-IL PRATIQUER CES EXERCICES ?

Un exercice pratiqué une seule fois ne sera pas suffisant pour constater des bienfaits. Plus les exercices seront répétés régulièrement, plus les effets seront perceptibles. L'enfant peut ensuite pratiquer les exercices autant de fois que nécessaire, il n'y a aucune limite.

POURQUOI EST-CE QUE JE NE CONSTATE PAS DE RÉSULTATS ?

Dans ce livre, nous évoquons beaucoup la thématique de la magie. Pour autant, la sophrologie n'agit pas comme une baguette magique. Ce n'est pas comme lorsque l'on a une douleur, qui disparaît après quelques manipulations. En sophrologie, le processus est différent. Les enfants intègrent les exercices à leur rythme. Selon l'âge, la personnalité et la situation, cela peut prendre plus ou moins de temps. Il n'est pas évident de déterminer quand un enfant se sentira mieux. Les émotions, la confiance en soi, la concentration ne sont pas des éléments palpables. Il est donc difficile de déterminer quand il y a évolution, car tout se passe à l'intérieur de votre enfant. Mais vous pourrez peut-être remarquer quelques changements dans le quotidien. Quelques semaines sont parfois nécessaires, plusieurs mois dans d'autres cas. Ce ne sera peut-être pas aussi rapide que vous le souhaiteriez, mais avec de la patience, les nouveaux super-pouvoirs de votre enfant pourront se déployer.

Il est vrai qu'en tant que parent, il n'est pas toujours facile d'accompagner son enfant. Au-delà des exercices du livre, un accompagnement par un ou une sophrologue peut aussi être envisagé. Ce n'est pas parce que votre enfant n'a pas réussi à pratiquer les exercices du livre, ou que les résultats escomptés ne sont pas au rendez-vous, que cela ne fonctionnera pas avec un professionnel. Bien au contraire, il est parfois plus facile de se faire aider par une personne extérieure.

LES 3 CLÉS À RETENIR

LA RÉPÉTITION

Il est conseillé de répéter les exercices le plus régulièrement possible. Cette régularité est importante pour que votre enfant puisse intégrer chacun des exercices. D'autant plus que le vécu et les ressentis diffèrent d'un moment à un autre. Plus votre enfant s'exerce, plus il en ressentira les bienfaits, et cela s'inscrira en lui. Je compare souvent la sophrologie avec la pratique d'un sport : plus on répète, plus on devient un athlète ! Il est important pour votre enfant de pouvoir pratiquer les exercices sur un rythme régulier afin qu'il puisse devenir automne et s'en servir au moment où il en a besoin.

Les parents sont parfois surpris de constater que ce qui demandait un petit effort au départ devient un vrai besoin par la suite.

LA BIENVEILLANCE

L'enfant doit se sentir en confiance lors des exercices. Il est important de le valoriser avec un regard bienveillant, dans la suspension de tout jugement. Il n'y a pas de bonne ou de mauvaise façon de faire. L'important est que votre enfant prenne du plaisir. Encouragez-le à faire les exercices. S'il se montre réticent, vous pouvez lui dire qu'il se sentira beaucoup mieux après. Dans tous les cas, ne le forcez pas. Les exercices ne doivent pas être perçus comme une contrainte mais comme un plaisir. Vous pourrez lui proposer de les faire plus tard et, pourquoi pas, avec toute la famille, pour que cela soit encore plus amusant.

LA PATIENCE

Selon l'âge et la maturité de l'enfant, l'intégration des exercices exige de la patience. Comme pour tout apprentissage, les exercices ne débouchent pas systématiquement sur un résultat immédiat.

Rappelez-vous que Rome ne s'est pas faite en un jour. Chaque exercice répété apporte sa pierre à l'édifice en donnant à votre enfant des bienfaits significatifs.

IDÉE LUDIQUE POUR LA PRATIQUE AU QUOTIDIEN : LA MALLE AU TRÉSOR

Dans la chambre de votre enfant, prévoyez un espace « coin calme » et placez-y une sorte de malle au trésor (cela peut être un sac ou un panier). À l'intérieur, mettez un peu de matériel, par exemple : des feuilles, des feutres, des plumes, un appareil pour faire des bulles, un costume de super-héros, des fiches avec des idées d'exercices… Dites à votre enfant qu'il peut piocher un outil dans sa malle au trésor selon son besoin du moment. Par exemple, si votre enfant se met en colère, vous pouvez lui demander « De quel outil aurais-tu besoin ? », puis lui proposer d'aller chercher l'outil correspondant pour qu'il se sente mieux. De cette manière, l'enfant deviendra autonome. Il comprendra également l'intérêt des exercices, qui sont là pour l'aider à se sentir mieux dans sa tête, dans son corps et dans son cœur.

Êtes-vous prêt à voyager avec votre enfant dans le monde magique de la sophrologie ? Dans cet univers, votre enfant apprendra à maîtriser de nouveaux pouvoirs afin de devenir le super-héros qu'il a toujours rêvé d'être. De la maîtrise de son souffle à la gestion de ses émotions en passant par l'amélioration de sa concentration et la prise de confiance en lui, c'est une véritable malle au trésor qui s'ouvre pour votre enfant. L'avantage lorsque l'on pratique la sophrologie en étant un enfant, c'est que tout ce qui s'apprend servira même en grandissant. Votre enfant pourra ainsi évoluer avec des outils qui lui serviront dans chacun des moments de sa vie. Chacun des exercices peut être adaptable selon les situations. En offrant cette découverte à votre enfant, vous lui faites un magnifique cadeau.

Chapitre 3

Au commencement, il y a le souffle

« RESPIRER PROCHE D'UN ÊTRE CHER, ÊTRE ATTENTIF À UN INSPIR HÉSITANT OU PROFOND, ÊTRE À L'ÉCOUTE D'UN EXPIR FLUIDE OU RETENU, AUTANT DE PARTAGES POSSIBLES, POUR DÉPASSER LA VIOLENCE DE CERTAINS SILENCES OU L'ERRANCE DES NON-DITS. »

JACQUES SALOMÉ

La naissance d'un super-héros commence toujours par la respiration, c'est le premier réflexe de tout nouveau-né. Celui-ci nous propulse dans un nouveau monde, celui de la vie. La respiration est présente tout au long de notre existence, mais nous lui prêtons rarement attention. Peu d'entre nous ont conscience de la manière dont nous respirons. J'ai eu des expériences assez amusantes en cabinet, à ce sujet. Lorsque j'ai posé, à des petits et des grands, cette simple question : « Comment respirez-vous ? », j'ai parfois eu cette réponse étonnante : « Par le nez. » Il est intéressant de constater à quel point la respiration est devenue un automatisme. Nous respirons par le nez, c'est vrai, mais l'important est surtout de savoir si notre respiration est plutôt abdominale ou thoracique. Ces façons de respirer sont totalement différentes. L'une favorise le bien-être et l'apaisement tandis que l'autre peut être source de nombreux désagréments. Si nous changeons notre façon de respirer, nous pouvons en tirer de nombreux avantages. C'est un outil puissant pour se connecter à son espace intérieur.

Dès que nous prêtons attention au mouvement de notre respiration, nous nous reconnectons au moment présent. Respirer en pleine conscience, c'est être dans « l'ici et maintenant ». C'est pouvoir se recentrer en se déconnectant de tout ce qui nous parasite. La respiration fait partie intégrante de la pratique de la sophrologie. Elle apaise, elle détend. Elle soutient aussi toutes nos émotions. Ce n'est pas un hasard si, lorsque nous nous sentons oppressés dans une situation, nous avons tendance à dire : « Là, j'ai besoin d'air » ; ou encore, après une journée chargée : « J'ai besoin de souffler ». D'ailleurs, lorsque nous sommes agacés, nous avons tendance à soupirer. La respiration n'est pas linéaire, son rythme varie selon nos états d'âme. La respiration est un trait d'union entre le corps et le mental. Lorsque l'on respire de manière rapide et saccadée, on se connecte au stress, à l'angoisse ou à l'anxiété. Au contraire, si l'on a une expiration douce et prolongée comme lorsque l'on dort, on se connecte au calme et à la sérénité. Pour les adultes comme pour les enfants, la respiration est intimement liée aux émotions. Plus nous nous sentons tendus, plus notre débit respiratoire augmente. Nous sommes en hyperventilation parce que nos tensions font augmenter nos besoins en oxygène. Lorsque l'on inverse ce rythme, nos tensions se relâchent. Une étude américaine publiée en mars 2017[1] révèle

1. Krasnow (Mark), « Study shows how slow breathing induces tranquility », *Science*, 31 mars 2017.

l'influence de la respiration sur le cerveau. Les chercheurs ont ainsi découvert qu'un groupe de neurones relie la respiration à l'attention, à l'anxiété, à l'attention mais aussi à la relaxation. Ce groupe de neurones jouerait un rôle-clé dans l'effet de la respiration sur les émotions. Ainsi, une respiration lente induit la tranquillité et le calme. Apprendre à bien respirer et à maîtriser son souffle est un élément de base indispensable pour contrôler ses émotions. Nous pouvons agir sur celles-ci en apprenant à maîtriser notre respiration.

Lucas, un garçon de 8 ans, est venu me consulter car il est très stressé avant chaque contrôle. Il sent une boule dans son ventre et perd ses moyens. Le stress le paralyse. Nous travaillons sur plusieurs exercices de respiration pour lui permettre de relâcher ses tensions. À travers la respiration, Lucas trouve l'aide dont il a besoin pour se calmer : « C'est magique ! Quand je respire calmement, ma boule au ventre disparaît ! » C'est vrai, la respiration a ce fabuleux pouvoir de calmer notre anxiété, nos angoisses, nos peurs ou notre colère. Lorsque nous prêtons attention à elle, nous défocalisons notre attention de la situation ou de l'événement. Dans l'exemple de Lucas, il a appris à porter son attention sur sa respiration plutôt que sur ses pensées et sur la peur qui en découle. En abaissant sa fréquence respiratoire, Lucas a abaissé son niveau de stress. Vivre quelques respirations en pleine conscience suspend aussi toutes les réactions immédiates. Lorsqu'un enfant se sent frustré, lui préconiser de respirer calmement pour retrouver ses esprits lui permettra de ne pas réagir par automatisme. De même, lorsque nous sommes face à une situation qui déclenche une émotion forte, prendre du temps pour respirer nous évite de réagir instantanément. Nous le savons, quand on s'arrête de respirer, on meurt. L'épidémie de Covid-19, avec le port du masque obligatoire dans certains lieux, nous a fait prendre conscience de l'importance de la respiration. Avec un masque, on respire moins bien et il est parfois difficile de supporter le masque. On peut avoir l'impression de manquer d'air ou d'être essoufflé. La respiration est un mouvement de vie. Elle est l'essence même de notre existence. À travers elle, nous pouvons maîtriser le corps et calmer le mental. Apprendre à respirer en pleine conscience est une première étape essentielle pour les enfants.

À QUOI ÇA SERT DE RESPIRER ?

Au cabinet ou dans les écoles, je constate des troubles de la respiration chez de très jeunes enfants. Dès l'âge de 3-4 ans, certains ont une respiration inversée. Leur respiration est thoracique, courte et rapide. Pour apprendre à respirer correctement afin de bien oxygéner le corps et le cerveau, l'enfant a besoin de se connecter à sa respiration. Avec cette prise de conscience, il lui sera facile de vivre la présence de sa respiration. Celle-ci va lui permettre de mieux dormir. En la maîtrisant, l'enfant apprend à canaliser les pensées qui l'empêchent de dormir. La respiration va l'aider à être moins impulsif et à ne plus réagir par automatisme. C'est un outil formidable pour dénouer les tensions et ramener l'enfant au moment présent. Elle lui permet aussi de mieux se concentrer. D'abord, parce qu'elle abaisse le niveau de stress. Ensuite, parce qu'elle régule les émotions et permet au rythme cardiaque de ralentir. Grâce aux exercices de respiration, il est possible de retrouver un niveau d'attention optimal. Nous avons pu constater les effets bénéfiques de la sophrologie dans différents niveaux de classe, de la maternelle à la primaire. Les exercices de respiration aidaient les enfants à retrouver le calme après la récréation. Ces derniers arrivaient plus facilement à se concentrer en classe. Certains élèves un peu timides utilisaient ces exercices avant une prise de parole en classe et se sentaient plus à l'aise pendant celle-ci. En initiant votre enfant à la magie de la respiration, vous lui permettez de calmer les tempêtes, d'apaiser les grosses vagues qui déferlent et les petits volcans qui se mettent en ébullition. Dès que l'enfant observe sa respiration, il devient conscient de son monde interne. Il peut alors souffler et laisser glisser ses tensions.

Les parents de Clara, une fille de 8 ans, sont venus me consulter car celle-ci prend systématiquement de grandes inspirations tout au long de la journée. Ils ont consulté plusieurs spécialistes : elle n'a aucun problème respiratoire. Cependant, les médecins sont unanimes : « C'est lié au stress. » Ses parents me le confirment, Clara est très anxieuse. Comme nous l'avons évoqué précédemment, la manière dont nous respirons révèle nos états internes. Lorsque nous prêtons attention à notre respiration, nous pouvons observer que nous sommes tendus. Plus nous sommes anxieux ou stressés, plus le corps est tendu et plus la respiration est bloquée vers le haut du corps. C'est la respiration thoracique. En respirant de cette façon, Clara se sent oppressée. Elle a l'impression de manquer d'air et ressent le besoin de prendre plusieurs grandes inspirations. Nous procédons à quelques exercices. Après avoir pris le temps d'observer sa respiration, Clara apprend à relâcher les tensions au niveau de sa cage thoracique. L'ouverture et le relâchement de la cage thoracique est un excellent exercice lorsque l'on se sent oppressé. Il favorise la libération des émotions. Ensuite, Clara apprend à contrôler sa respiration pour réguler son anxiété et équilibrer ses émotions. Enfin, elle apprend à pratiquer la respiration abdominale pour faire baisser la tension et se détendre. En quelques séances, elle a retrouvé une respiration plus apaisante.

Apprendre à bien respirer est un outil formidable et puissant qui permet d'agir sur nos émotions. Encore faut-il réussir à rendre un enfant conscient de sa respiration. Afin de susciter son intérêt sur l'utilité de la respiration, on peut lui demander : « À quoi ça sert de respirer ? Et quand tu ne respires plus, qu'est-ce qu'il se passe ? Comment respires-tu quand tu cours ? Et quand tu dors ? Comment ça fait dans ton corps ? » On peut aussi proposer à l'enfant de se mettre devant un miroir et de s'observer en train de respirer.

PRATIQUE : SE CONNECTER À SON SUPER-POUVOIR

À L'INTÉRIEUR DE TON CORPS, IL Y A UN SUPER-POUVOIR. TOUS LES SUPER-HÉROS UTILISENT CE POUVOIR !

ÉTAPE 1

Pour te connecter à ce pouvoir magique, trouve un endroit calme et confortable. Tu peux t'asseoir ou t'allonger dans une position agréable. Ferme les yeux pour mieux te concentrer.

ÉTAPE 2

Quand tu inspires, comment cela se passe dans ton corps ? Et quand tu souffles ? Respire normalement et essaie de repérer dans ton corps la partie qui bouge. Sens ta respiration traverser ton corps. Est-ce que c'est ton ventre qui bouge ? Est-ce que c'est ta poitrine ? Est-ce que ce sont tes épaules ? Tes bras ? Tes pieds ? Est-ce que toutes ces parties bougent en même temps ?

ÉTAPE 3

Maintenant, respire plus fort et essaie de ressentir l'endroit de ton corps qui bouge le plus.

ÉTAPE 4

Tu peux poser ta main sur l'endroit de ton corps qui bouge et sentir le mouvement sous ta main. Tu peux sentir ta main qui monte et qui descend quand tu respires. Bravo, tu viens de te connecter à ton super-pouvoir, la respiration ! Dans les prochains exercices, tu vas apprendre à utiliser ce nouveau pouvoir.

QUAND ?

À n'importe quel moment de la journée.

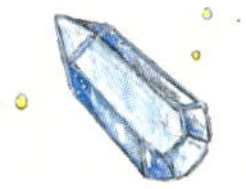

COMMENT ?

Debout, assis ou allongé dans un endroit confortable.

LE PETIT + LUDIQUE

Pour rendre l'exercice plus amusant et plus ludique, votre enfant peut s'installer devant un miroir pour voir quelle partie de son corps bouge.

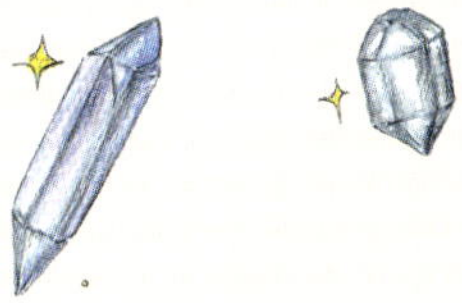

BÉNÉFICES DE CETTE PRATIQUE

Cet exercice facilite la prise de conscience de la respiration. L'enfant apprend à se connecter à son corps et à s'écouter.

CONSEILS POUR LES PARENTS

Proposez à votre enfant de vous regarder en train de respirer. Cela éveillera sa conscience et aiguisera son observation.

DEVENIR MAÎTRE DE SA RESPIRATION

Une fois que l'enfant a pris conscience de sa respiration, nous pouvons l'initier à l'art de bien respirer. Il est possible qu'il ait une respiration « inversée » : quand il inspire, le ventre se dégonfle, et quand il souffle, le ventre se gonfle. Ou bien il peut avoir une respiration « haute », c'est-à-dire une respiration thoracique. Ce type de respiration, comme nous l'avons vu, peut être source d'angoisse ou de stress et ne permet pas d'éliminer correctement les toxines. Une fois ce constat fait, on pourra permettre à l'enfant de pratiquer une nouvelle façon de respirer. Initier l'enfant à la respiration abdominale, c'est lui offrir un joli pouvoir utile à son bien-être. La respiration abdominale est une technique essentielle pour contrôler les émotions et mieux faire fonctionner le corps. Elle améliore la digestion et permet aux poumons de mieux éliminer les toxines de l'organisme. La respiration abdominale est précieuse pour se sentir mieux. Quand on la pratique régulièrement, elle est un véritable atout pour apprendre à lâcher prise. On arrive à se détendre, le cerveau est mieux oxygéné et l'esprit s'éclaircit. Les enfants se prêtent facilement au jeu de la respiration. J'ai appris qu'après une séance ou une intervention en école, certains enfants prenaient plaisir à expliquer à leurs parents, leurs frères et sœurs ou leurs camarades de classe comment bien respirer par le ventre. Les parents de Noah, amusés, m'ont raconté comment ils se sont tous retrouvés autour de la table pendant un repas de famille à pratiquer la respiration abdominale.

PRATIQUE : LA RESPIRATION DU SUPER-HÉROS

MAINTENANT QUE TU T'ES CONNECTÉ À TON SUPER-POUVOIR, TU VAS APPRENDRE À RESPIRER COMME UN SUPER-HÉROS. CETTE RESPIRATION MAGIQUE AIDE À SE DÉTENDRE ET À SE CALMER !

ÉTAPE 1

Tu peux t'asseoir ou te mettre debout dans une position confortable. Tu peux fermer les yeux pour t'aider à mieux te concentrer.

ÉTAPE 2

Pose une main sur ton nombril et l'autre main dans ton dos. Quand tu respires, essaie de ressentir tout ce qui bouge dans ton corps. Écoute ce qu'il se passe en toi.

ÉTAPE 3

Maintenant, souffle par la bouche en appuyant légèrement sur ton ventre comme si tes deux mains voulaient se toucher.

ÉTAPE 4

Reprends ta respiration par le nez et, comme par magie, le ventre se gonfle ! Imagine que ton ventre est un ballon. Quand tu inspires, le ballon sous tes mains se gonfle. L'air remplit le ballon jusqu'à ce qu'il soit gonflé. Quand tu expires par la bouche, le ballon se dégonfle jusqu'à ce que tes poumons soient vides. Tu peux sentir tes mains qui s'éloignent et se rapprochent.

Recommence l'exercice deux ou trois fois. Quand tu auras envie de terminer, tu pourras ouvrir tes yeux.

LE PETIT + LUDIQUE

La position allongée est parfois plus facile. L'enfant peut faire cet exercice avec une balle sonore, ou avec un doudou pour les plus petits. On lui demande de faire monter et descendre l'objet posé sur son ventre par le biais de sa respiration. Il peut aussi imaginer une bulle de savon posée sur son ventre.

QUAND ?

À n'importe quel moment de la journée lorsque votre enfant a besoin d'apaisement. Par exemple, cela peut être avant un devoir pour mieux se concentrer ou avant de dormir pour favoriser l'endormissement.

COMMENT ?

Debout, assis ou allongé.

BÉNÉFICES DE CETTE PRATIQUE

L'enfant vient d'acquérir la prise de conscience de sa respiration abdominale. En se reconnectant à son corps, il vient de faire le premier pas vers la gestion de ses émotions. Cette respiration procure du bien-être en apportant calme et détente.

La respiration abdominale aide à améliorer la concentration et facilite l'endormissement.

CONSEILS POUR LES PARENTS

Faites répéter cet exercice autant de fois que possible à votre enfant afin que cela devienne un automatisme. Plus il s'entraînera, plus cette respiration sera facile à appliquer dans n'importe quelle situation. Lorsque votre enfant est excité après l'école, avant un devoir ou avant de dormir, vous pouvez lui demander de pratiquer la respiration du super-héros. L'idéal est qu'il puisse s'approprier cet exercice. Il pourra l'expérimenter lui-même lorsqu'il en ressentira le besoin. Il pourra ainsi apprendre à identifier les situations dans lesquelles cet exercice lui sera utile et prendre conscience des bénéfices de la respiration abdominale.

La deuxième étape, après la respiration abdominale, consiste à apprendre à l'enfant à inspirer par le nez et à souffler par la bouche. La respiration par le nez est plus calme et plus apaisante que celle réalisée par la bouche. De plus, elle filtre mieux l'air. L'expiration forte et volontaire par la bouche permet d'évacuer toutes les tensions. L'expiration douce et prolongée, quant à elle, favorise le retour au calme et procure un bien-être.

Pour que l'enfant puisse distinguer l'expiration de l'inspiration, on peut lui demander de souffler avec la bouche sur sa main en observant ses sensations : « Est-ce que tu sens du chaud sur ta main ? À quel moment ? Et quand tu inspires par le nez, est-ce que ta main est fraîche ou chaude ? »

On peut ainsi lui faire constater que l'air qui ressort lors de l'expiration est différent puisqu'il est réchauffé.

On peut aussi demander à l'enfant de souffler longuement dans une paille afin qu'il apprenne à maîtriser le débit de son souffle.

PRATIQUE : LE SOUFFLE MAGIQUE DOUX

LE SOUFFLE MAGIQUE DOUX AIDE LES SUPER-HÉROS À SE DÉTENDRE APRÈS UNE GROSSE JOURNÉE !

ÉTAPE 1

Tu inspires par le nez en gonflant tes poumons.

ÉTAPE 2

Maintenant, tu vas souffler très lentement dans la paille.

ÉTAPE 3

Tu souffles le plus longtemps possible jusqu'à vider l'air de tes poumons. Recommence plusieurs fois jusqu'à ce que tu sentes le calme s'installer dans ton corps.

On peut ensuite demander à l'enfant de souffler le plus fort possible sur des bulles de savon afin de les faire danser dans la pièce. Demandez-lui d'observer les mouvements de ces bulles tout en restant attentif à son souffle. Il peut essayer de souffler plus fort, moins fort, plus longtemps, moins longtemps, en observant ce qu'il se passe.

PRATIQUE :
LE SOUFFLE MAGIQUE FORT

LE SOUFFLE MAGIQUE FORT AIDE LES SUPER-HÉROS À S'APAISER QUAND ILS SONT TRÈS AGITÉS.

ÉTAPE 1

Tu inspires par le nez en gonflant tes poumons.

ÉTAPE 2

Maintenant, tu souffles fortement dans le souffleur pour former de jolies bulles.

ÉTAPE 3

Observe ce qu'il se passe. Est-ce qu'il y a plusieurs bulles ? Observe leur taille : est-ce qu'elles sont petites ? Grosses ?

ÉTAPE 4

Et quand tu souffles moins fort, qu'est-ce qu'il se passe ?

QUAND ?

Lorsque votre enfant est agité ou qu'il a besoin de retrouver du calme.

LE PETIT + LUDIQUE

On peut proposer à l'enfant de souffler sur un mouchoir en papier, des plumes, un pissenlit... Tout ce qui est léger et qui s'envole ! Demandez alors à l'enfant de prendre une grande inspiration par le nez et de varier l'intensité de son souffle pour faire bouger le mouchoir ou faire danser les plumes. Encouragez-le à décrire ce qu'il voit et ce qu'il ressent dans son corps.

COMMENT ?

Avec une paille puis avec un souffleur pour faire des bulles. Debout, dans un endroit où votre enfant a suffisamment de place.

BÉNÉFICES DE CETTE PRATIQUE

Ce type d'exercice très ludique offre la possibilité à l'enfant de distinguer l'inspiration de l'expiration. De cette manière, il comprend qu'il est capable de maîtriser sa respiration en en changeant le rythme et l'intensité. L'enfant découvre sa capacité à souffler plus ou moins fortement. Ainsi, il travaille sa concentration mais développe également son aptitude à se calmer et à s'apaiser. Il va pouvoir associer la respiration au plaisir et au bien-être. Rappelez-vous que maîtriser sa respiration, c'est maîtriser ses émotions.

CONSEILS POUR LES PARENTS

Afin d'encourager votre enfant à pratiquer l'exercice et susciter son attention, il peut être judicieux de commencer par faire des bulles vous-même. Laissez le temps à votre enfant d'expérimenter son souffle. Émerveillez-vous ensemble des bulles qui s'envolent. Laissez au maximum faire votre enfant tout en partageant ce moment féerique avec lui.

LA RESPIRATION AUX PROPRIÉTÉS MAGIQUES

La respiration peut aider l'enfant à se calmer même lorsque des petites tempêtes le traversent. À chaque fois qu'il se sent tendu ou agité, l'enfant dirige son attention sur sa respiration pour s'apaiser. En se concentrant sur la respiration plutôt que sur l'événement, il suspend toutes réactions immédiates. Après lui avoir fait découvrir cette nouvelle capacité, nous allons guider l'enfant vers la conquête de la respiration aux propriétés magiques. Dans ce type de respiration, on peut mettre beaucoup de choses. On peut associer la respiration à une pensée, une émotion ou un mot.

Donner une intention précise à la respiration, c'est lui offrir un pouvoir puissant qui agit sur le corps et sur l'esprit.

Dans l'exercice qui suit, on propose à l'enfant de faire appel à ce qu'il aime. Cela peut être un sentiment de joie, de plaisir qui lui procure du bien-être, du calme ou de la détente. Cela peut aussi être un mot comme « calme », « joie », ou une sensation agréable qu'il aime, comme un parfum ou une musique apaisante. Pour l'aider, on peut, par exemple, lui demander de laisser venir un souvenir agréable et les sensations positives liées à ce souvenir. On peut aussi lui faire des suggestions. L'important est de faire appel à ce qu'il a besoin en cet instant précis.

PRATIQUE : INSPIRER DE JOLIES CHOSES

TU VAS PRATIQUER LA RESPIRATION AUX PROPRIÉTÉS MAGIQUES QUE TOUS LES SUPER-HÉROS UTILISENT QUAND ILS ONT BESOIN DE SE SENTIR MIEUX.

ÉTAPE 1

De quoi as-tu besoin en ce moment pour te sentir mieux ? De calme ? De joie ? De beaux souvenirs ? Lorsque tu as trouvé ce qui te ferait du bien, tu peux t'asseoir ou t'allonger dans une position confortable. Si tu as envie, tu peux fermer les yeux pour mieux te concentrer.

ÉTAPE 2

Tu penses à quelque chose que tu aimes beaucoup et qui pourrait t'apporter ce dont tu as besoin. Cela peut être un mot, une sensation que tu aimes, un parfum, un souvenir.

ÉTAPE 3

À présent, tu inspires ce contenu agréable en inspirant par le nez et tu gonfles ton ventre.

ÉTAPE 4

Tu retiens l'air pendant quelques instants pour bien te concentrer sur cette sensation agréable.

ÉTAPE 5

Quand tu le souhaites, tu souffles très doucement pour installer cette sensation ou ce sentiment dans tout ton corps. Tu peux recommencer plusieurs fois. Comment te sens-tu ? Qu'est-ce que cela fait dans ton corps ? Écoute tout ce qu'il se passe en toi. Quand tu auras terminé, tu pourras bouger tout ton corps en prenant ton temps et ouvrir tes yeux.

QUAND ?

Lorsque votre enfant exprime un besoin de réconfort.

LE PETIT + LUDIQUE

Avant l'exercice, vous pouvez proposer à l'enfant de dessiner quelque chose qu'il aime et qui pourrait lui apporter une sensation agréable. Il peut l'observer un moment pour s'y projeter puis fermer les yeux afin de respirer les sensations agréables que lui procure son dessin.

COMMENT ?

Assis ou allongé, dans un endroit calme où il se sent bien.

BÉNÉFICES DE CETTE PRATIQUE

Dans cette pratique, l'enfant associe une pensée à la respiration en lui donnant une intentionnalité. C'est un exercice efficace pour aider l'enfant à prendre conscience du pouvoir de sa respiration. Celle-ci va générer un calme émotionnel et réduire toutes les sensations désagréables.

CONSEILS POUR LES PARENTS

Vous pouvez préciser à votre enfant qu'il est libre de dévoiler ou non l'intention qu'il souhaite donner pour l'exercice. Il doit avoir conscience que cela lui appartient.

PRATIQUE : SOUFFLER LES MAUVAISES CHOSES

LES SUPER-HÉROS UTILISENT LA RESPIRATION AUX PROPRIÉTÉS MAGIQUES POUR CHASSER CE QUI LES EMBÊTE.

ÉTAPE 1

Tu vas pouvoir penser à quelque chose qui t'embête. Peut-être que c'est quelque chose qui te fait peur ou qui te met en colère. Quand cette pensée ou cette image est bien présente, tu peux t'asseoir ou t'allonger dans une position confortable. Si tu as envie, tu peux fermer les yeux pour mieux te concentrer. Laisse ton corps se calmer et se détendre.

ÉTAPE 2

Maintenant, tu laisses venir l'image de cette sensation désagréable que tu n'aimes pas. Tu inspires par le nez en gonflant ton ventre.

ÉTAPE 3

Tu retiens l'air pendant quelques instants pour bien te concentrer sur cette sensation désagréable.

ÉTAPE 4

Tu souffles fortement par la bouche pour la chasser ! Tu peux recommencer plusieurs fois. Comment te sens-tu ? Qu'est-ce que cela fait dans ton corps ? Écoute tout ce qu'il se passe en toi. Quand tu auras terminé, tu pourras bouger tout ton corps en prenant ton temps et ouvrir tes yeux.

QUAND ?

Dès que l'enfant manifeste une sensation ou un sentiment désagréable.

COMMENT ?

Assis ou allongé, dans un endroit calme où il se sent bien.

LE PETIT + LUDIQUE

L'enfant peut faire cet exercice en soufflant sur un objet, par exemple une balle très légère, une plume ou une bougie, afin de rendre plus concret le négatif qu'il chasse. Quand la plume s'envole ou quand la bougie s'éteint, elle emporte avec elle tous les soucis.

BÉNÉFICES DE CETTE PRATIQUE

Le but de cet exercice est de permettre à l'enfant d'évacuer toutes les sensations et sentiments qui le gênent. Cela peut être une émotion désagréable, comme la peur, la colère ou la tristesse. Ainsi, il apprendra facilement à évacuer ce qui le dérange.

CONSEILS POUR LES PARENTS

Si votre enfant a des difficultés pour identifier une sensation désagréable, vous pouvez l'aider en lui demandant quand il a été triste ou en colère pour la dernière fois. Questionnez-le : « Comment te sentais-tu à ce moment-là ? » Vous pouvez aussi l'interroger pour savoir s'il ressentait des choses désagréables dans son corps, comme une boule dans le ventre ou dans la gorge. Et demandez-lui de penser très fort à cette sensation.

Il est aussi possible de combiner ces deux exercices. Par exemple : j'inspire ce que j'aime et j'expire ce que je déteste. Ces exercices sont encore plus efficaces lorsqu'ils sont associés à la respiration abdominale.

ASTUCES POUR LA MAISON

Au quotidien, pour familiariser votre enfant à la pratique de la respiration, demandez-lui d'observer sa respiration lorsqu'il est calme, lorsqu'il est agité, lorsqu'il est concentré ou lorsqu'il fait une activité. Vous pouvez l'interroger sur comment est sa respiration à chacun de ces moments. « Est-ce qu'elle est lente ? Rapide ? Et dans ton corps, comment ça se passe ? Où est-ce que ça bouge ? »

Entraînez-vous à respirer avec votre enfant, vous pourrez en tirer de nombreux bienfaits. Vous pouvez synchroniser votre respiration avec celle de votre enfant en mettant mutuellement vos mains sur le ventre de l'autre. Lorsque vous inspirez, vous gonflez ensemble votre ventre, et lorsque vous soufflez, vous le creusez. Vous pouvez aussi blottir votre enfant contre vous et respirer ensemble ventre contre ventre. Votre apaisement se transmettra à votre enfant. Lorsque la respiration est synchronisée à un contact affectueux, elle devient un véritable cocktail magique qui contribue au bien-être de l'enfant et du parent.

Lorsqu'il a remarqué comment il respire, demandez-lui comment il pourrait modifier sa respiration pour que cela soit mieux : « Comment respires-tu quand tu es très agité ? Comment tu pourrais respirer pour retrouver le calme ? » L'objectif est d'amener l'enfant à prendre conscience de sa respiration en apprenant à l'écouter et à la ressentir. De cette façon, il pourra la modifier selon les circonstances et selon son besoin.

Chapitre 4
Au pays des émotions

« EXPRIMER SES ÉMOTIONS, C'EST COMME D'ENLEVER LES NUAGES NOIRS DEVANT LE SOLEIL POUR LAISSER POUSSER LES FLEURS. »

TANYA SÉNÉCAL

Maintenant que votre enfant maîtrise sa respiration, nous allons plonger au cœur des émotions. C'est un voyage magique et incontournable pour tous les super-héros. On peut y explorer des montagnes volcaniques, des grottes mystérieuses et d'étranges tourbillons. Ce voyage éveille l'enfant à la richesse de son monde intérieur. Comme les enfants, nous avons tous été influencés par une émotion à un moment de notre vie. Nous avons pu être paralysés par la peur ou par le stress dans certaines situations. Les émotions, selon leur nature, peuvent être agréables ou désagréables. Celles qui sont désagréables, comme la peur, la colère ou la tristesse, peuvent être difficiles à supporter. Une émotion peut facilement nous déstabiliser. Lorsqu'elle est particulièrement intense, elle domine aisément notre côté rationnel. Et nous sentons que nous n'avons aucune emprise sur elle, alors nous essayons de la refouler. Autant chez l'adulte que chez l'enfant, nier une émotion peut s'avérer néfaste car elle surgira d'une manière ou d'une autre, et plus fortement. Bien souvent, et dans de nombreux cas, nous essayons d'étouffer nos émotions. Nous refusons de les vivre pleinement. Lorsque nous ne nous autorisons pas à nous laisser traverser par elles, elles s'ancrent dans notre corps et dans notre mental.

Une émotion se décline en trois phases :

– La charge
Lorsque l'on perçoit une information, celle-ci est transmise au cerveau, pour libérer de l'adrénaline par exemple.

– La tension
L'organisme réagit à l'information reçue ; par exemple, face à un danger imminent, nous allons agir pour l'éviter.

– La décharge
Les tensions se relâchent ; l'émotion se libère parfois par des pleurs, il peut y avoir des tremblements ou un besoin de crier.

Lorsque ces émotions s'inscrivent en nous dans la durée, nous pouvons ressentir un inconfort et ruminer un sentiment désagréable. Par la suite, ces sentiments influencent nos comportements et nos pensées.

Une émotion est donc un processus biologique naturel dont le but est de produire une réaction adaptée à la situation. Elle dure en moyenne 90 secondes, sauf lorsque l'on ne la décharge pas. Dans ce cas, elle s'inscrit en nous et peut engendrer des symptômes physiques. Les enfants éprouvent particulièrement des difficultés pour gérer leurs émotions. Leur cerveau étant encore immature, ils ne peuvent pas réagir comme des adultes face aux émotions. Il m'arrive régulièrement de recevoir des enfants dont les émotions sont refoulées.

Ethan, un garçon de 10 ans, se sent très angoissé. Dès qu'il est séparé de sa mère, il se sent en insécurité et fait des crises d'angoisse. Nous travaillons sur les émotions en essayant de décrypter chacune d'elles. Ethan me raconte que lorsqu'il est entré à l'école pour la première fois, il a éprouvé une immense tristesse qu'il n'a pas su exprimer. Il avait peur et honte de montrer ce qu'il ressentait. Cette émotion refoulée s'est progressivement transformée en sentiment. La tristesse a évolué en peur excessive de l'abandon puis en angoisse. Contrairement à une émotion, qui est éphémère, un sentiment peut durer toute une vie. Ce sentiment influe sur les pensées et les comportements, comme nous l'avons évoqué précédemment. Au contraire, lorsqu'elle est exprimée, une émotion peut facilement être évacuée.

Encore faut-il savoir comment, et c'est ce que nous allons aborder dans ce nouveau chapitre.

Les émotions ont un rôle important. Quand on apprend à les écouter, on peut s'apercevoir qu'elles ont un sens. Elles n'apparaissent pas sans raison : elles viennent nous avertir d'un danger pour nous protéger ou nous alerter. Toutes les émotions sont utiles. La peur, par exemple, alerte d'un danger pour nous permettre de combattre ou de fuir. Tandis que la colère peut nous aider à nous surpasser et à surmonter les obstacles. Les émotions nous aident à identifier nos besoins et à y répondre. Mais nous devons apprendre à les écouter et les accueillir sans nous laisser dominer par elles. Les émotions sont là pour colorer notre vécu. Il faut leur accorder une attention pendant quelques instants pour qu'elles puissent nous parler. Il ne faut pas les juger, ni les blâmer, ni les interpréter, mais accepter de les vivre sans réticence ni jugement. Quand nous les écoutons, nous pouvons à notre tour leur parler avec bienveillance et disponibilité. Elles nous font cheminer, et bien souvent nous éclairent sur le parcours de notre vie. L'émotion est un mouvement de vie qui nous traverse. Les émotions les plus désagréables finissent par laisser place aux agréables. La colère ou la tristesse finissent par s'envoler. En sophrologie, le travail sur les émotions est fondamental, notamment pour les enfants qui ont du mal à les gérer. Une bonne gestion des émotions diminue de façon considérable les crises chez les enfants. Ceux-ci ont besoin d'être accompagnés pour ne pas être envahis par leurs affects. Ils ont besoin de voir que les adultes traversent aussi des émotions mais sans se laisser envahir. Ils ont également besoin d'outils pour gérer efficacement ce qu'ils ressentent. En accompagnement avec la sophrologie, nous leur apprenons à reconnaître les émotions, à les nommer et à identifier les situations qui les déclenchent. À travers certains exercices, l'enfant apprend à se dissocier de son émotion. Avec des outils simples et ludiques, il peut y répondre efficacement. L'idée est d'apprendre aux enfants à modeler leurs émotions, à les sculpter pour leur donner une forme et se les approprier. Ils peuvent les saisir, leur donner une texture, une couleur, et dialoguer avec elles. Entendre ce qu'elles ont à leur dire et ce qu'elles veulent exprimer. Plutôt que d'être celui ou celle qui subit son émotion, ils deviennent acteurs en interagissant avec elles. Plus les enfants s'entraînent à identifier leurs émotions, plus ils sont en capacité de maîtriser leur intensité. Ils pourront alors mettre en place d'eux-mêmes des comportements adaptés à la situation.

L'OCÉAN ET SA MÉTÉO

Première étape de ce beau voyage, arrêtons-nous pour contempler quelques instants le cœur de notre esprit. À l'intérieur, nous pouvons trouver un bel océan. En fonction des conditions climatiques, cet océan est plus ou moins perturbé. Lorsqu'il fait beau, l'eau est claire et limpide. Dès que le temps se gâte, l'océan s'agite et des vagues se forment. Les émotions font la pluie et le beau temps dans notre océan intérieur. Lorsque l'enfant est perturbé par des émotions, son esprit est confus et agité, ce qui provoque parfois un véritable tsunami émotionnel. En apprenant à notre enfant à explorer sa météo intérieure, nous lui permettons de se prémunir de ce tsunami en surfant sur la vague plutôt qu'en se laissant submerger. Notre rôle n'est pas de s'opposer à la tempête qui surgit en lui, mais de l'aider à apprendre à la reconnaître. Identifier et accueillir les petites pluies et les gros orages, c'est accepter le fait que les émotions sont présentes et qu'elles ne font que nous traverser.

Les émotions expriment toujours quelque chose : elles sont une réponse psychophysiologique causée par l'interprétation que nous faisons d'un événement. Réprimer une émotion revient à construire un barrage. La pression de l'eau peut devenir si importante que celle-ci finira par s'écouler à travers ce barrage. Plus nous essayons de supprimer une émotion, plus les effets seront dévastateurs. Plutôt que de laisser sortir cette émotion, nous la dirigerons vers l'intérieur de nous-mêmes. La charge émotionnelle est ainsi contenue dans notre corps. À long terme, l'émotion inhibée finira par s'exprimer de manière explosive. Imaginez une bouteille remplie d'un liquide gazeux que vous remuez sans laisser sortir la pression. Au moment d'enlever le bouchon, une explosion a lieu et le liquide contenu dans la bouteille déborde. Le phénomène qui se produit au niveau des émotions est exactement le même. Il est donc primordial de laisser s'exprimer l'émotion de son enfant. Il importe de prêter une attention à cette émotion, car elle renseigne sur ce qu'il vit. Quand votre enfant apprend à repérer ses émotions, il arrive à mieux s'adapter à son environnement et à comprendre ce qu'il se passe en lui et autour de lui. Respecter les émotions de l'enfant, c'est lui donner la possibilité de construire son identité et de l'aider à avancer sur son propre chemin. Un enfant a besoin de ses parents pour l'aider à donner un sens à ce qu'il vit.

Léo traverse de gros orages depuis que son papa est parti de la maison, il y a plusieurs années. Il pique de grosses crises de colère et se montre agressif aussi bien à la maison qu'à l'école. La maîtresse a alerté plusieurs fois la maman des comportements déplacés de son fils. Léo vit seul avec sa maman. Il a très peu de contact avec son père et pense que celui-ci est parti car il ne l'aime pas. Le papa est peu présent et ne montre pas d'intérêt pour son fils. C'est pourquoi, Léo pique des crises de colère. À travers elles, il justifie le fait que son père est parti et, de cette manière, il exprime aussi sa souffrance. Derrière son agressivité, Léo camoufle plusieurs émotions, notamment de la tristesse et de la peur qu'il n'a jamais su exprimer. Il n'a jamais vécu la phase de décharge émotionnelle. Les émotions sont restées bloquées durant toutes ces années dans son corps. Ces inconforts et ces tensions s'expriment à travers les comportements agressifs de Léo. Une émotion qui ne s'exprime pas va rester en tension dans le corps. Le travail d'accompagnement avec Léo consistera à l'aider à exprimer ses émotions refoulées et à évacuer ses tensions ancrées dans son corps.

Lorsque l'océan à l'intérieur de votre enfant tourbillonne et crée des vagues, vous pouvez lui demander d'observer ce qu'il se passe en lui. Les enfants fonctionnent principalement avec des images, ils ont tendance à associer les émotions à des formes et des couleurs. Quand votre enfant ressent une émotion, demandez-lui d'être attentif à ce qu'il ressent : « Qu'est-ce qu'il se passe à l'intérieur de ton corps ? Est-ce que c'est une vague ? Est-ce que c'est une tempête ? Y a-t-il de l'orage ou de la pluie ? Quelle est sa taille ? Quelle température fait-il ? »

Ces questions exercent votre enfant à prendre conscience de ce qui le traverse. En identifiant les conditions climatiques de son état émotionnel, il peut comprendre ce qu'il se passe en lui. Plutôt que de subir son émotion et de s'identifier à celle-ci, l'enfant devient spectateur et prend du recul vis-à-vis de ce qu'il ressent. Il comprendra aussi que les émotions sont naturelles. Comme un orage ou une averse, elles finissent par passer.

PRATIQUE : LE NUAGE DU CALME

LORSQU'ILS EN RESSENTENT LE BESOIN, LES SUPER-HÉROS FONT APPEL AU NUAGE DU CALME. ALORS, FAIS COMME EUX !

ÉTAPE 1

Allonge-toi confortablement et, si tu le peux, ferme les yeux pour mieux te concentrer. Laisse ton corps se relâcher de ta tête jusqu'à tes pieds.

ÉTAPE 2

Maintenant, pense à une émotion qui te dérange. Essaie de la ressentir : où est-ce qu'elle se situe ? Dans ta tête ? Dans ton ventre ? Quelle est sa taille ? Sa forme ? Sa couleur ?

ÉTAPE 3

À présent, imagine un nuage magique qui apparaît au-dessus de ton visage. Tu souffles un filet d'air dans ce nuage magique afin d'installer à l'intérieur l'émotion qui te gêne. Tu peux tout mettre dans ce nuage : les petits tracas, les peurs, les disputes et tout ce qui t'embête. À chaque fois que tu souffles l'air par la bouche, imagine que toutes tes émotions et tes petits tracas s'installent à l'intérieur de ce nuage. Prends le temps de déposer dans ce nuage toutes les émotions qui t'embêtent.

ÉTAPE 4

Une fois que le nuage est bien rempli, tu peux souffler fortement sur le nuage afin qu'il s'envole loin dans le ciel. Recommence jusqu'à ce que le nuage devienne de plus en plus petit, jusqu'à ce qu'il disparaisse. Le nuage ne se voit plus dans le ciel, il a disparu. Tu peux maintenant voir un ciel tout bleu et bien dégagé. Comment te sens-tu maintenant ? Si l'émotion est toujours présente dans ton corps, tu peux refaire l'exercice.

QUAND ?

Dès que l'enfant manifeste une émotion ou une sensation désagréable.

LE PETIT + LUDIQUE

L'enfant peut faire cet exercice de manière plus dynamique, en étant debout face à un seau ou une poubelle. Il peut imaginer jeter ce qui le dérange jusqu'à ce que le récipient se remplisse.

COMMENT ?

En position assise ou allongée, dans un endroit calme.

BÉNÉFICES DE CETTE PRATIQUE

Les émotions sont difficiles à comprendre pour l'enfant car elles sont invisibles. Cet exercice qui associe l'émotion au corps lui permet de rendre son émotion concrète. Elle est là, elle existe en lui par des sensations physiques. Grâce à la visualisation, l'enfant représente mentalement son émotion et lui donne un sens. Il comprend alors qu'il est capable de l'identifier et de l'atténuer par son souffle. L'expiration favorise le relâchement des tensions du corps. Elle permet également à l'enfant de se défocaliser de son émotion et des sensations ou pensées qui y sont associées.

CONSEILS POUR LES PARENTS

Votre enfant peut faire cet exercice pour se reconnecter à ses émotions en observant ce qu'il ressent, ou bien sous le coup d'une émotion pour comprendre comment elle se manifeste. Vous pouvez aussi exercer votre enfant à repérer quotidiennement les émotions qu'il ressent. Demandez-lui d'observer ce qu'il se passe, dans quelle situation, à quel moment de la journée et avec qui. Votre enfant apprendra progressivement à lire et comprendre ces émotions.

LE VOLCAN DE LA COLÈRE

Continuons notre exploration et arrêtons-nous quelques instants pour observer ce qu'il se passe au cœur du volcan de la colère. Chez les enfants, la colère engendre des comportements désagréables. Elle se manifeste par des cris, des pleurs, et parfois des gestes brusques et incontrôlés. Il peut arriver que la colère cache une émotion sous-jacente enfouie qui exprime un mal-être. Mais la plupart du temps, la colère est un signe d'intolérance à la frustration. Certains enfants ayant des difficultés à gérer la frustration ont tendance à se mettre en colère plus que d'autres. C'est comme si votre enfant avait un petit volcan à l'intérieur de lui : c'est chaud et ça bout à l'intérieur de son corps jusqu'à atteindre l'explosion. À ce moment-là, son cerveau est submergé, et l'enfant ne peut plus raisonner. Lorsque l'émotion est intense, il ne sait pas comment la gérer. La colère ne se déclenche pas à partir d'un état de calme. Dans son volcan intérieur, avant que la lave ne déborde, il y a une montée en pression. Ainsi, lorsqu'une frustration ou une contrariété s'installe chez un enfant, il peut être nécessaire de lui proposer des solutions avant que celui-ci n'atteigne le stade de la colère.

Face à une crise de colère, il est préférable de favoriser un retour au calme pour aider l'enfant à gérer ses émotions. Si la crise est trop intense, on peut demander à l'enfant de l'exprimer jusqu'à ce que le calme revienne, tout en restant dans sa chambre. En tant que parents, nous devons rester calmes et positifs, afin de ne pas envenimer la colère déjà présente. L'attitude parentale se doit d'être rassurante. Cela

LES SOLUTIONS

1 - Accueillir l'émotion puis la nommer :
« Qu'est-ce que tu ressens dans ton corps ? Est-ce que c'est agréable ou désagréable ? Est-ce que tu as envie de crier ? De taper ? De pleurer ? »

2 - Mesurer l'intensité de l'émotion :
Dessinez un thermomètre gradué et demandez à votre enfant de vous indiquer quelle température il fait à l'intérieur de son petit volcan.

3 - Choisir une technique pour apaiser l'enfant :
Faire un câlin, boire un verre d'eau, souffler en comptant jusqu'à 5, gribouiller sa colère ou imaginer un lieu apaisant.

ne veut pas dire que nous devons céder ; bien au contraire, nous devons être fermes.

Il est utile d'apprendre à son enfant à reconnaître sa colère, à la nommer et à en identifier la cause. Nous devons encourager l'enfant à exprimer ce qu'il ressent. Cela lui permet de s'apaiser car il se sent moins démuni face à ses émotions. Accueillir et agir lorsqu'une colère se produit permet finalement de désamorcer celle-ci avant qu'elle ne se transforme et devienne explosive. Après chaque crise de colère, il convient également d'aider l'enfant à verbaliser ce qu'il s'est passé : « Si tu avais eu une baguette magique, qu'est-ce que tu aurais pu changer ? Qu'est-ce que tu aurais pu faire pour éviter cette colère ? » Il pourra ainsi prendre conscience qu'il y a d'autres manières de réagir. À partir du moment où la colère sera écoutée et comprise, l'enfant sera en capacité de la contrôler.

Margot me confie qu'elle se met souvent en colère : « À la maison et parfois à l'école après une dispute, j'ai envie de crier et de taper. » Je lui demande de fermer les yeux et de se rappeler la dernière fois où elle était en colère : « C'est quand papa m'a dit de faire mes devoirs alors que je voulais continuer de jouer. » Je lui dis de laisser venir la colère et les sensations dans son corps. Ensuite, je lui demande où elle ressent de la colère dans son corps. Elle me répond : « Dans mon ventre, c'est comme une grosse boule rouge très chaude. » Je lui demande de respirer calmement et d'imaginer qu'à chaque fois qu'elle souffle l'air par la bouche, la boule change de taille et de couleur. Après quelques respirations, elle remarque : « Elle est plus petite et elle a changé de couleur. Maintenant, c'est une petite boule rose. » Au bout de quelques minutes, elle finit par ouvrir les yeux et me dit d'un air surpris : « Elle n'est plus là, elle a disparu. »

Parfois, les enfants ont besoin de parler de leurs sensations ou de leurs émotions. Leur accorder une pleine attention s'avère utile. Ils s'apaisent quand on prête une oreille attentive avec empathie et bienveillance.

PRATIQUE : LA BALLE MAGIQUE

LORSQU'ILS SONT EN COLÈRE, LES SUPER-HÉROS UTILISENT LE SUPER-POUVOIR DE LA BALLE MAGIQUE !

ÉTAPE 1

Tu peux te mettre debout et prendre une balle en mousse ou rebondissante. Place-toi dans un endroit où tu vas pouvoir jeter la balle sans rien casser.

ÉTAPE 2

Tu serres fort la balle en mousse dans ta main jusqu'à ce qu'elle absorbe toute la colère. Tu imagines que tu mets toute ta colère dans cette balle, tu y penses très fort.

ÉTAPE 3

Tu vas inspirer en montant la balle au-dessus de ta tête… Tu retiens ton souffle…

ÉTAPE 4

À présent, tu souffles fortement par la bouche en jetant la balle pour la faire rebondir. Plus la balle s'éloigne, plus ta colère diminue. À chaque rebond, ta colère s'éloigne de toi. Quand la balle s'arrête, tu écoutes ce qu'il se passe en toi. Est-ce que tu te sens mieux ? Si oui, tu peux t'arrêter ; sinon, tu peux recommencer autant de fois que tu le souhaites.

ÉTAPE 5

Quand tu auras fini, tu pourras expliquer à tes parents ce qui t'a mis en colère.

QUAND ?

Dès que l'enfant manifeste de la colère, ou en amont pour qu'il apprenne à se maîtriser.

LE PETIT + LUDIQUE

L'enfant peut écrire ou dessiner sur une feuille de papier ce qui le met en colère. Puis il chiffonne le papier pour en faire une boule et le jette sur une cible imaginaire pour se débarrasser de ce qui l'embête.

COMMENT ?

Debout dans une pièce spacieuse ou dehors pour ne pas casser d'objets.

BÉNÉFICES DE CETTE PRATIQUE

Dans cet exercice, l'enfant mobilise son corps et sa respiration afin de prendre conscience de sa colère. Quand il prend la balle dans sa main, il enferme ce qui l'énerve, et il se débarrasse de cette émotion négative en jetant la balle. La balle qui représente la colère permet à l'enfant de devenir acteur de sa colère en la prenant en main. Il n'est plus celui qui subit cette colère dans son corps, mais reprend le contrôle de son émotion. L'enfant apprend alors à se canaliser, à se calmer et à apaiser ses tensions physiques. Avec un entraînement préalable, il sera en capacité de canaliser sa colère au moment où elle apparaîtra.

CONSEILS POUR LES PARENTS

Si votre enfant est en colère à la suite d'un conflit avec vous, il se peut qu'il ne soit pas enclin à faire l'exercice. Pour l'inciter à faire l'exercice, faites-le en même temps que lui. Vous pouvez lui confier que vous êtes aussi en colère et que vous allez faire l'exercice pour vous sentir mieux. Votre enfant comprendra que vous partagez une émotion et que vous avez besoin d'évacuer ce trop-plein. Ce moment de partage sera efficace pour désamorcer le conflit. Après l'exercice, il est important d'aider votre enfant à verbaliser ses ressentis et la cause de sa colère.

LA GROTTE DE LA PEUR

Lorsque l'on pénètre dans une grotte, il fait tout noir, ce qui nous empêche de voir. L'enfant imagine toutes sortes de monstres maléfiques. Peur du noir, des orages ou des fantômes, la peur fait partie du développement de l'enfant et évolue selon son âge. Par exemple, les nouveau-nés ont peur des bruits. Ensuite, dès leurs premières années, les enfants ont peur des étrangers, puis des monstres, et ainsi de suite jusqu'à avoir les mêmes frayeurs que les adultes. La peur est une émotion instinctive qui surgit à cause de l'influence de nos pensées ou de notre imagination. Elle permet à l'enfant de se protéger des dangers réels. Face à celle-ci, il a deux choix : la fuir ou la surmonter. Bien souvent, l'enfant choisira de fuir sa peur. Ne pas la vivre, c'est se laisser dominer par elle. Et à force de la fuir, l'enfant entretient cette peur.

Mais comment aider son enfant lorsque les peurs deviennent démesurées et sont un blocage pour lui ? Votre premier réflexe sera probablement de rassurer votre enfant. Toutefois, attention de ne pas tomber dans l'excès. Certains enfants peuvent entretenir la peur afin de vous avoir près d'eux. Cela traduit généralement une peur excessive de l'abandon. Les parents de Lina ne peuvent s'empêcher de surprotéger leur fille. Lina a 9 ans, elle a peur du noir, des voleurs, et elle a peur dès qu'elle se retrouve seule. Alors, l'un de ses parents dort systématiquement avec elle. Ils ne peuvent pas la laisser jouer dans la maison pendant qu'ils jardinent, l'un d'eux doit toujours être près d'elle. En agissant ainsi et sans s'en rendre compte, ils entretiennent la peur de leur fille. Ils la renforcent en transmettant à Lina le message que le danger est réel : elle ne peut pas jouer ni dormir sans eux. Pour Lina, avoir peur est un moyen de ne pas couper le cordon. De ce fait, elle est moins autonome et n'a pas confiance en elle. Toutefois, il ne faut pas non plus forcer un enfant à affronter ce qui lui fait peur, s'il n'est pas prêt. Un père s'efforçait d'aider son enfant à dormir dans le noir : « Ce sont les bébés qui ont peur du noir ! Tu es grand, tu n'as aucune raison d'avoir peur. Tu es dans ta chambre, tu n'as pas besoin de lumière pour dormir. » Ce père dénigre et minimise la peur de son fils. Même si celle-ci semble exagérée pour lui, la peur de son enfant est bien réelle. Lorsque les peurs des enfants sont négligées, ces derniers risquent de focaliser leur peur sur un objet, en développant une phobie par exemple. Ils peuvent perdre confiance en eux car ils se sentent impuissants, voire ridicules, face à leur peur. En revanche, il est tout à fait possible de dédramatiser l'objet de la peur. Louise a peur d'une histoire qui implique une vieille sorcière. Depuis qu'on lui a racontée, elle fait des cauchemars récurrents sur cette fameuse sorcière. Nous avons rendu l'image de cette sorcière moins terrifiante et plus jolie. Louise l'a dessinée puis, progressivement, lui a changé la couleur des cheveux, lui a ajouté un joli chapeau, lui a coloré les ongles et leur a mis des paillettes. Les enfants ayant des peurs sont souvent bloqués sur une image ou une idée. Lorsqu'ils comprennent qu'ils sont en capacité de changer les choses qui les effraient en étant créatifs, ils soulagent leur peur, ce qui leur procure un sentiment de sécurité.

En tant que parent, il est important d'aider son enfant à affronter ses peurs tout en créant un sentiment de sécurité. Nous pouvons l'amener à trouver les ressources en lui-même pour qu'il puisse dépasser ses peurs. Pour le bon développement de l'enfant, apprendre à vaincre ces dernières est une étape importante. L'enfant pourra alors distinguer les peurs imaginaires de celles qui découlent d'un réel danger. Apprendre à affronter ses craintes aidera l'enfant à renforcer sa confiance en lui. Le rôle des parents est de l'accompagner pour qu'il apprenne à apprivoiser et dépasser ces dernières. L'enfant doit devenir acteur de sa peur en agissant sur elle. Votre enfant a peur de croiser un monstre dans cette grotte mystérieuse ? Offrez-lui une épée pour le combattre. Et s'il croisait un loup ? Donnez-lui une baguette magique pour le transformer en petit lapin. Au fur et à mesure, il pourra construire son coffre à outils. Il apprendra à réagir face à ses doutes, ses craintes et ses inquiétudes. D'ailleurs, il pourra lui-même réaliser qu'il aura rarement besoin d'utiliser ces outils. En revanche, il aura la sensation d'avoir le contrôle, et cela fera augmenter sa confiance et son estime de lui-même.

Plus on est à l'écoute de nos peurs, plus on se freine. C'est un peu comme observer le sommet d'une montagne que l'on doit gravir et avoir peur de ne pas parvenir à l'atteindre. Alors on se décourage et on abandonne. Et pourtant, le plus grand risque, c'est finalement de ne pas en prendre. C'est en affrontant ses peurs que l'on apprend à être courageux, que l'on gagne en confiance et en assurance.

L'enfant doit prendre conscience que la magie se trouve au-delà des peurs : en sautant, il sentira une sensation de liberté ; en escaladant, il découvrira sa force ; en se laissant emporter par le flux de la vie, il sentira une sensation de légèreté. En explorant ses peurs, il pourra comprendre qu'elles peuvent devenir une force et se transformer en véritables alliées. On peut s'en servir comme d'un moteur pour se lancer dans des choses que l'on n'aurait jamais osé tenter. N'est-il pas exquis de ressentir des sensations fortes ? De se laisser surprendre ? La vie aurait-elle autant de sens si nous n'avions pas peur de la mort ? Aimerions-nous aussi fort certaines choses si nous n'avions pas peur de les perdre ?

PRATIQUE : LA CAPE D'INVISIBILITÉ

LORSQU'ILS ONT PEUR, LES SUPER-HÉROS UTILISENT LEUR CAPE QUI LES REND INVISIBLES !

ÉTAPE 1

Place-toi debout, le dos droit, les épaules relâchées, les bras le long du corps et les pieds bien ancrés dans le sol. Respire lentement et laisse ton corps se détendre. Tu peux fermer les yeux pour mieux te concentrer.

ÉTAPE 2

À présent, tu prends une profonde inspiration par le nez et tu retiens ta respiration.

ÉTAPE 3

Tout en retenant l'air, tu fais tourner ton corps de gauche à droite et tu laisses le haut de ton corps suivre le mouvement : ta tête, ton cou, tes épaules et tes bras relâchés. Tu te balances d'un côté puis de l'autre de plus en plus vite en faisant des rotations, comme si tu voulais regarder derrière toi. Dans ce mouvement, imagine une jolie cape qui se forme autour de toi. Cette cape te rend invisible, elle te protège !

ÉTAPE 4

Tu souffles par la bouche et tu arrêtes le mouvement en revenant au centre. Reprends ta respiration naturelle et prends un instant de pause pour laisser venir tes sensations. Tu te mets à l'écoute de ton corps.

ÉTAPE 5

Tu peux recommencer plusieurs fois en amplifiant le mouvement. Tu imagines que ta cape invisible te protège. Tu te laisses envelopper dans cette cape rien qu'à toi. Tu imagines que la sécurité vient envelopper ton corps, tu es à l'intérieur et tu te sens calme. À chaque fois que tu as peur, balance ton corps d'un côté puis de l'autre, et dessine du bout des doigts ta cape invisible autour de toi. Tu seras en sécurité !

QUAND ?

Dès que l'enfant manifeste une peur, ou en amont pour s'entraîner.

LE PETIT + LUDIQUE

Vous pouvez dire à l'enfant que quand il a besoin de faire l'exercice mais n'en a pas la possibilité, il lui suffit d'imaginer sa cape d'invisibilité, qui est toujours là. À l'aide de la respiration, en soufflant doucement par la bouche, sa cape se forme autour de lui.

COMMENT ?

Debout, dans un endroit où l'enfant a de la place pour être en mouvement.

BÉNÉFICES DE CETTE PRATIQUE

Le mouvement de rotation du corps apporte à l'enfant une sensation de détente et un relâchement du corps. Cet exercice est très efficace pour lâcher prise sur les peurs. L'enfant se sent apaisé et en sécurité.

CONSEILS POUR LES PARENTS

Vous pouvez montrer le mouvement à l'enfant et le faire avec lui plusieurs fois afin qu'il soit à l'aise avant de pratiquer l'exercice. Avant de répéter celui-ci, pensez à demander à l'enfant de prendre un moment de pause : cela favorisera l'intégration de l'exercice et des ressentis. Cet exercice peut même se faire en famille : les adultes ont aussi besoin de se protéger de certaines peurs.

LE TOURBILLON DE L'ANXIÉTÉ

Attention, voici le petit tourbillon de l'anxiété ! Il emporte tout sur son passage. Les petits tourbillons dans le corps de votre enfant provoquent chez lui des maux de ventre, les mains moites, le cœur qui palpite fort, des difficultés pour respirer et de multitudes sensations désagréables.

Mais comment déceler les symptômes du stress ou de l'angoisse ? Lorsqu'un enfant manifeste des troubles anxieux et qu'il ne parvient pas à en prendre conscience, c'est généralement le corps qui s'exprime. Dans mon cabinet, les parents souhaitent un accompagnement car leurs enfants ont des manifestations diverses : ils ont des TOC, se rongent les ongles, ils ont constamment mal au ventre, ils se remettent à faire pipi au lit ou vont aux toilettes toutes les deux minutes. Si le bilan médical est satisfaisant, ces signes peuvent être révélateurs d'un trouble anxieux.

L'anxiété est un cocktail explosif mêlant la peur exacerbée à l'inquiétude, au stress et à l'angoisse. La peur est une émotion naturelle face à un danger. L'anxiété, quant à elle, est une réponse à une impression de danger qui n'est pas forcément réel. Souvent, elle apparaît quand nous appréhendons ou anticipons une situation. Par exemple, notre enfant imagine qu'il y a des monstres sous son lit. Même si le danger n'est pas réel, son corps réagit. Il peut pleurer, crier et fuir hors de sa chambre. Il est normal que les enfants aient peur. Cependant, on parle d'anxiété quand ces peurs affectent de manière considérable leur quotidien. Ces peurs sont souvent issues de l'imagination, ou bien elles sont exagérées par rapport à la situation réelle. Bien souvent, elles sont irrationnelles et non comprises par l'entourage. C'est le cas avec Mélina, qui se rend malade à l'idée d'aller à l'école.

L'anxiété peut profondément affecter la vie de l'enfant si elle prend une place trop importante. Elle peut entraîner des difficultés sociales ou scolaires. On peut alors identifier certains troubles comme des difficultés à dormir ou la perte d'appétit, des symptômes physiques tels que les maux de ventre, la fatigue, ou simplement le refus d'aller à l'école ou de participer à des activités. Certains troubles anxieux peuvent conduire à d'autres problèmes plus gênants. J'ai accompagné certains enfants atteints du trouble panique. Mathis faisait de grosses crises d'angoisse dès qu'il se retrouvait seul dans sa chambre le soir. Il présentait tous les symptômes du trouble panique : tremblement, mal au ventre, oppression thoracique et sensation de ne plus pouvoir respirer, bouffées de chaleur. Si bien qu'il lui était impossible de dormir seul dans sa chambre, même à l'âge de 10 ans. Cela l'a conduit à développer des TOC. Mathis avait besoin de faire certains rituels de façon répétée tous les soirs, c'était une manière pour lui de se rassurer. Généralement, l'enfant n'est pas toujours capable de formuler son mal-être ni d'expliquer pourquoi il ne se sent pas bien. Ces troubles apparaissent suite à une séparation, à l'absence de l'un des parents, à des problèmes à l'école ou à la suite d'un changement important comme un déménagement. L'enfant peut aussi absorber le stress ou l'anxiété des parents et l'exprimer à son tour. Il peut s'agir simplement d'une sensibilité exacerbée. Je reçois des enfants qui ont une empathie très développée, absorbent toutes les émotions des autres et sont facilement bouleversés par les émotions ou les sentiments de leur entourage.

Lorsqu'il est pris par le petit tourbillon de l'anxiété, l'enfant a besoin d'une grande qualité d'écoute. Minimiser la cause et les symptômes ou réprimander l'enfant ne feront qu'exacerber davantage son anxiété. Il est vivement recommandé de l'aider à apprivoiser ses symptômes. Après avoir exclu tout problème médical, vous pouvez aider votre enfant à mettre des mots sur son stress ou son angoisse. Essayez de comprendre avec lui pourquoi il ressent des inconforts : « À quel moment de la journée cela t'arrive-t-il ? Le matin ? La nuit ? Depuis quand ? À quoi penses-tu à ce moment-là ? » Identifiez avec lui la source de son anxiété. Lorsque vous l'avez trouvée, vous pouvez dialoguer avec lui pour le rassurer et lui apporter la sécurité dont il a besoin. Soyez patient et rassurant. En exprimant ses peurs et ses inquiétudes, votre enfant réussira plus facilement à surmonter son anxiété. Les enfants anxieux sont sensibles au stress. Vous pouvez proposer au vôtre une activité relaxante : écouter de la musique douce, respirer longuement, méditer. Ce type d'activité lui fera beaucoup de bien. Lorsque l'origine n'a pas été décelée ou que les symptômes s'aggravent et les crises se multiplient, il est recommandé de consulter un professionnel de santé.

PRATIQUE : LA PIERRE PRÉCIEUSE AUX VERTUS MAGIQUES

LORSQU'ILS NE SE SENTENT PAS BIEN, LES SUPER-HÉROS UTILISENT LE POUVOIR DE LA PIERRE PRÉCIEUSE !

ÉTAPE 1

Allonge-toi ou assieds-toi confortablement dans un endroit calme. Tu peux fermer les yeux pour mieux te concentrer. Respire tranquillement et laisse ton corps se détendre.

ÉTAPE 2

À présent, imagine un endroit calme où tu te sens bien et en sécurité. Cela peut être un lieu que tu connais déjà, mais tu peux aussi l'inventer. Écoute les sons s'il y en a. Sens les odeurs s'il y en a. Regarde les couleurs et les formes autour de toi. Laisse venir dans ton corps toutes les sensations agréables de ce lieu.

ÉTAPE 3

Maintenant, tu vas serrer très fort ton pouce contre ton index comme si tu tenais entre tes doigts une petite pierre précieuse. Quand tu inspires par le nez, tu laisses venir le calme et la sécurité de ce lieu. Quand tu souffles doucement par la bouche, tu installes le calme et la sécurité dans la petite pierre précieuse que tu tiens entre tes doigts. Recommence plusieurs fois.

ÉTAPE 4

Cette pierre précieuse est magique, elle contient maintenant toutes les sensations agréables de cet endroit que tu as imaginé. À chaque fois que tu serres ton pouce contre ton index, tu sens le bien-être s'installer dans ton corps. Lorsque tu ne te sentiras pas bien ou si tu te sens inquiet, tu pourras refaire ce geste discret pour retrouver ta pierre précieuse. Elle t'apportera le calme, le bien-être et la sécurité dont tu as besoin.

QUAND ?

Lorsque l'enfant manifeste un trouble anxieux ou un symptôme désagréable récurrent.

COMMENT ?

Assis ou allongé, dans un endroit calme où l'enfant se sent bien.

LE PETIT + LUDIQUE

Vous pouvez demander à votre enfant de dessiner son lieu de sécurité afin de le rendre concret. Vous pourrez ensuite accrocher le dessin dans un endroit où votre enfant pourra le voir quand il en aura besoin.

BÉNÉFICES DE CETTE PRATIQUE

Ce geste associé à un lieu de sécurité est efficace pour aider l'enfant à retrouver les sensations de calme et de sécurité. L'enfant prend conscience qu'il a en lui des capacités pour se sentir mieux. Sa confiance et son estime de lui se renforcent grâce à son geste. L'enfant adhère facilement à cet exercice grâce au caractère magique de la pierre précieuse.

CONSEILS POUR LES PARENTS

À chaque fois que votre enfant se sent anxieux ou angoissé, rappelez-lui qu'il peut retrouver sa petite pierre précieuse qui le rassure en faisant le geste du pouce contre l'index. Expliquez-lui qu'en effectuant ce geste, il pourra déclencher un super-pouvoir : celui de se sentir mieux. Vous pouvez lui suggérer de faire ce geste à plusieurs moments de la journée. Il est important que l'enfant s'entraîne : plus il répétera le geste et plus les effets seront visibles. Pour la suite, quand il aura bien intégré son geste, il pourra le refaire tout seul, en toute autonomie.

Chapitre 5
Mon corps, ma maison

« N'OUBLIE PAS QUE LE CORPS EST LA MAISON DE TON ESPRIT. SA FAÇADE NE DOIT JAMAIS ÊTRE PLUS ENTRETENUE OU PLUS CONSIDÉRÉE QUE SON LIEU DE VIE, SON ESPACE INTÉRIEUR. SI TU Y PRENDS SOIN AU QUOTIDIEN, TON ESPRIT Y DEMEURA EN BIENHEUREUX ! »

WEMBO JAH OLELA

Durant ce beau voyage qu'est la vie, notre corps est une véritable boussole qui nous indique la direction à suivre. Il est important pour les super-héros de se laisser guider par cette boussole. D'une part, notre enveloppe corporelle nous protège des agressions extérieures. Virus, bactéries et autres agents pathogènes sont systématiquement combattus. D'autre part, notre corps nous envoie des signaux dès lors que nous le malmenons. Woody Allen a écrit ceci : « L'esprit et le corps sont-ils séparés, et si oui, lequel choisir ? » En sophrologie, nous partons du principe que le corps et l'esprit font partie d'une seule et même entité. Le fondement du travail en sophrologie est d'apprendre à harmoniser le corps et l'esprit pour retrouver un équilibre. La prise de conscience de son corps est une première étape fondamentale. Nous apprenons à le découvrir, à être à son écoute, et à éprouver ce qu'il se passe en nous pour nous connecter à lui. Nous apprenons également à lire nos sensations en leur prêtant une attention particulière. Nous apprenons à observer la détente et le relâchement musculaire, tout comme nous apprenons à repérer les tensions ou les douleurs. Toutes ces sensations auxquelles nous ne prêtons pas attention lorsque nous sommes distraits par nos préoccupations et nos ruminations. Le but de la sophrologie n'est donc pas simplement d'apprendre à se détendre mais d'ouvrir une nouvelle prise de conscience sur ce qu'il se passe à l'intérieur de nous. Le corps prend progressivement sa place au sein de la conscience. Et même si ce qu'il se passe en nous n'est pas agréable, nous apprenons à accueillir nos sensations plutôt qu'à les fuir. C'est comme si, de temps en temps, nous rendions visite à notre corps comme nous rendrions visite à un ami. Nous venons voir ce qu'il se passe, comme un état des lieux, pour réajuster si nécessaire nos comportements ou notre attitude. Finalement, nous apprenons à habiter notre corps.

Je rencontre beaucoup de personnes qui ne savent plus écouter leur corps. Leur mental ayant pris l'ascendant, elles se laissent gouverner par lui en étant complètement dissociées de leur corps. Et pourtant, à chaque fois que nous suivons un mauvais rythme de vie ou que notre mental prend une place trop importante, notre corps nous parle à travers ses maux. En apprenant à écouter attentivement notre corps, nous pouvons nous apercevoir qu'il nous transmet des informations sous forme de symptômes à travers des douleurs, des tensions, des palpitations. Il réagit à nos émotions et à nos ruminations. Nous pouvons avoir une sensation de mal-être ou le sentiment de ne pas être en forme. Lorsque ces signaux apparaissent, il est important de les écouter et de les prendre en compte. Cela nous permet de rectifier notre trajectoire et de ne pas tomber dans un engrenage. En écoutant notre corps, nous pouvons apprendre à nous connaître et à connaître nos limites. Nous pouvons choisir de changer notre façon de faire ou de réagir. En écoutant les personnes qui viennent me consulter, j'ai compris que l'état de leur corps influençait grandement celui de leur mental.

L'harmonie entre le corps et l'esprit est essentielle pour se sentir bien.

Le corps est comme une porte d'entrée de l'esprit, il est un bon indicateur de notre état mental. J'ai ainsi rencontré des enfants mal dans leur peau, qui se rongent les ongles, qui triturent leur corps de dessin et de blessures volontaires. Tous ces comportements expriment un mal-être. Dans l'accompagnement en sophrologie, il existe de nombreux exercices pour les enfants autour de la thématique du corps. La prise de conscience du corps et du schéma corporel est primordiale pour les enfants. Ils apprennent à observer lorsqu'ils sont en forme, fatigués ou lorsqu'ils saturent. La pleine attention à leur corps est également un bon indicateur pour reconnaître leurs émotions : tristesse, peur, angoisse, stress ou colère. Ils perçoivent leur corps en le regardant, en le touchant, en prenant conscience de leur point d'appui, de leur équilibre et de leur posture. Ils prennent le temps de voir comment ça va à l'intérieur. Ils explorent leur corps tel un trésor. C'est un peu comme si durant une balade nous observions chacun de nos pas pour être sûrs que nous allons dans la bonne direction. En observant son corps, on s'assure de prendre le bon chemin. Cela peut aider les enfants, notamment quand ils sont confus ou perdus dans leurs pensées. Leur corps les informe et leur permet une meilleure connaissance d'eux-mêmes.

L'ENFANT ET SON SCHÉMA CORPOREL

Les enfants ont besoin d'exprimer leur corps par le mouvement. À travers cette communication corporelle, ils acquièrent une représentation mentale de leur corps et apprennent à se construire. Chez eux, la notion du schéma corporel est un apprentissage essentiel qui se modifie selon les expériences.
La représentation mentale du corps se construit progressivement à différentes périodes. À la naissance, l'enfant n'en a pas conscience. Mais, petit à petit, il sera capable de distinguer son corps des objets environnants. Vers 6 mois, il parvient à distinguer les différentes parties de son corps. En grandissant, l'enfant va prendre conscience de son corps et de la place qu'il occupe, en expérimentant la connaissance de lui-même. C'est à l'âge de 6 ans environ qu'un enfant acquiert la pleine conscience de son schéma corporel. À ce stade, il est capable de se représenter son corps. La notion du schéma corporelle n'est pas innée, elle va dépendre du développement de l'enfant et de ses expériences. Le corps existe grâce à nos sens et par les personnes qui nous entourent. Sans nous en rendre compte, nous construisons l'image de notre corps en fonction du regard que les autres posent sur nous. Nous avons pu avoir un jour cette mauvaise expérience qu'est de recevoir une remarque désobligeante sur notre physique. Nous sommes influencés par ce que nous voyons ou ce que nous entendons : « Tu es trop maigre, tu dois manger plus », « Arrête de grignoter, tu vas grossir ». Dans la cour d'école, les remarques sur le physique fusent aisément. Les enfants sont souvent confrontés à des moqueries sur leur corps ou leur apparence. Au fil du temps, à partir des informations que nous avons reçues, nous créons une image mentale négative et souvent erronée de notre corps.

Un jour, j'ai reçu en consultation Lucie, une petite fille de 10 ans qui était mal dans sa peau, persuadée qu'elle avait un long cou et une petite tête. Après quelques exercices de sophrologie sur la notion du schéma corporel, elle a été surprise de constater que sa tête et son cou n'étaient pas comme elle l'avait pensé. Ses parents m'ont confié qu'elle était devenue beaucoup plus souriante et épanouie. Un enfant qui présente une image erronée de son schéma corporel aura plus de difficultés dans sa motricité et moins confiance en lui. Aider son enfant à acquérir la notion de son schéma corporel, c'est lui permettre de développer sa confiance et une image positive de lui-même. Lorsque l'enfant a acquis la notion de son schéma corporel, il prend conscience de son individualité. Cette étape influence sa motricité et son équilibre.

Un travail sur le schéma corporel pour nous percevoir tels que nous sommes réellement s'avère bénéfique. Cette prise de conscience ouvre de nouvelles perceptions. Nous apprenons à connaître notre corps tel qu'il est réellement. Être attentif à son corps, c'est apprendre à l'écouter, le respecter et l'aimer. C'est également une première étape pour la prise de confiance en soi. Prendre conscience de son schéma corporel, c'est s'offrir la possibilité de vivre harmonieusement avec son corps. C'est également apprendre à être bienveillant avec soi-même. Nous apprenons à nous percevoir tels que nous sommes, sans jugement et sans a priori.

N'oublions pas que notre corps est la maison dans laquelle nous vivons durant toute notre existence, nous devons l'aimer et en prendre soin.

PRATIQUE : LE MAGICAUTOBUS

LE MAGICAUTOBUS AIDE LES SUPER-HÉROS À EXPLORER LEUR CORPS !

Le magicautobus est un autobus magique qui va parcourir tout ton corps. Tu es prêt ? C'est parti ! Le magicautobus démarre son voyage sur le sommet de ta tête, dans une jungle peuplée de lianes. Il roule sur ton front, tes sourcils, tes yeux et passe sous le tunnel de tes paupières. Il glisse le long de ton nez comme sur un tremplin pour atterrir sur ta bouche puis ton menton. Il fait le tour de ta tête et rencontre des sites incroyables dans tes oreilles. Il descend le long de ton cou et dévale sur tes épaules des monts qui le font accélérer le long de ton bras droit, puis il marque une pause dans la paume de ta main. Puis il repart en parcourant chacun de tes doigts, et il fait la même chose pour le bras gauche et la main gauche. Maintenant, il voyage dans ta poitrine, les battements du cœur, qui bouge, font beaucoup de bruit. Il continue son parcours sur tes côtes puis ton ventre, où il se repose quelques instants. Il explore ton dos en partant du haut et en descendant jusqu'en bas, il rebondit sur chacune des deux vallées, tes fesses ! Pour finir, il parcourt chacune de tes jambes.

D'abord la cuisse droite... Quand, soudain, il traverse une grosse montagne : c'est ton genou ! Il descend ensuite sur le mollet droit, la cheville droite et le pied droit. À présent, il traverse la cuisse gauche, et il rencontre la grosse montagne de ton genou. Il poursuit sa descente sur le mollet gauche, la cheville gauche et le pied gauche. Il termine son joli voyage en traversant tout ton corps du pied jusqu'au sommet de ta tête, où il se gare dans cette jungle remplie de lianes.

QUAND ?

À tout âge, afin que l'enfant prenne conscience de son schéma corporel.

COMMENT ?

Allongé ou debout avec ou sans objet.

LE PETIT + LUDIQUE

Vous pouvez faire rouler une boule sur le corps de votre enfant en lui racontant cette histoire. Vous pouvez aussi poser un doudou, ou un objet que votre enfant aime bien, sur chacune des parties de son corps. Ensuite, vous pouvez lui apprendre à percevoir son corps sans le toucher.

BÉNÉFICES DE CETTE PRATIQUE

Cet exercice de prise de conscience du corps influence la motricité, l'équilibre et l'aisance de votre enfant. De cette manière, il apprend à mieux se connaître, ce qui favorise la prise de confiance en lui.

CONSEILS POUR LES PARENTS

Vous pouvez adapter l'histoire en fonction des goûts de votre enfant. Les enfants aiment imaginer des histoires, ils aiment aussi bouger. Pour ce type d'exercice, vous pouvez mêler des mouvements à l'imaginaire de votre enfant. C'est aussi une façon de se relaxer de manière dynamique.

MIEUX CONNAÎTRE SON CORPS

En revenant au corps, on peut apaiser les tensions, calmer les ouragans et les petits volcans. Bien souvent, nous ressentons dans notre corps différents signaux : des douleurs dans la nuque, des maux d'estomac, la gorge nouée. Autant de petits signes qui nous informent que quelque chose ne va pas. La plupart du temps, nous ignorons ou repoussons ces signaux, tout comme les enfants le font : « Je ne suis pas fatigué » alors qu'il se frotte les yeux. Il est plus facile pour eux de continuer à jouer, comme il est plus facile pour nous de ne pas nous écouter. La sophrologie nous apprend à être plus attentifs à notre corps en prenant conscience de ce qu'il se passe à l'intérieur. Nous pouvons observer nos tensions, reconnaître nos émotions, explorer des sensations positives et découvrir de nouvelles capacités. De temps en temps, on peut inviter les enfants à revenir dans leur corps pour qu'ils le sentent autrement. On leur demande d'être attentifs aux sensations de leur corps quand ils courent, quand ils jouent ou quand ils sont allongés dans leur lit : « Qu'est-ce que tu observes en toi en ce moment ? Est-ce que c'est chaud ou froid ? Qu'est-ce qui bouge en toi ? » Les enfants peuvent alors reconnaître quand ils sont fatigués ou excités. Ils peuvent aussi être pleinement attentifs aux sensations et aux perceptions de leurs tensions. Ils apprennent à prêter une oreille attentive à ce qu'il se passe à l'intérieur d'eux-mêmes. Cela les aide à acquérir de nouveaux pouvoirs : le pouvoir de choisir d'aller mieux, le pouvoir d'agir, le pouvoir de ressentir des sensations plus agréables. Ils apprennent que leur corps n'est pas uniquement un outil qui sert à réaliser des choses mais également une véritable maison dont il faut prendre soin.

Lors de mes ateliers de sophrologie dans les écoles, les enfants étaient très excités en début de séance. Ils débordaient d'énergie et couraient partout. Il était difficile pour eux d'être concentrés et attentifs. Ils n'étaient pas en capacité de se canaliser car ils étaient déconnectés de leur corps. Pour leur permettre de s'y reconnecter, nous commencions la séance par l'exercice du pantin. Je demandais aux enfants de se mettre debout, de sautiller sur place comme un pantin et de laisser leur bras gesticuler à droite et à gauche. Au bout d'une dizaine de secondes, ils devaient s'arrêter et s'allonger : « Stop ! Allongez-vous et écoutez votre corps. Qu'est-ce que vous ressentez à l'intérieur ? Comment bouge votre ventre ? Votre respiration ? Est-ce que ça picote ou ça chatouille dans les bras ? Est-ce que ça se calme ? » Héloïse dit : « Je sens mon cœur qui bat vite et j'ai chaud. » Nathan, un garçon très agité en début de séance, remarque : « Je me sens fatigué, j'ai envie de dormir. » Nous recommençons l'exercice plusieurs fois et, progressivement, les enfants prennent conscience de certaines zones de leur corps auxquelles ils n'avaient pas prêté attention auparavant. Petit à petit, ils sautent moins haut, moins vite et restent plus longtemps allongés. Nous enchaînons sur un exercice de relaxation. Les enfants sont à présent calmes et silencieux, certains s'endorment.

Les enfants ne prennent pas toujours conscience qu'ils ont besoin de s'arrêter, de se calmer ou de se reposer. Quand les petits sont épuisés, ils sont souvent énervés et piquent des crises de colère car ils n'ont pas répondu aux besoins de leur corps. Mieux connaître son corps, c'est mieux connaître ses besoins et ses limites. L'enfant apprend ainsi à s'écouter pour pouvoir mieux se contrôler. En vivant son corps pleinement, l'enfant prend conscience de la place qu'il occupe, il se sent enveloppé et sécurisé. Il peut alors découvrir son corps par la douceur et le bien-être plutôt que par les tensions et les crispations.

PRATIQUE : LE PAPILLON ENCHANTÉ

ACTIVE TON SUPER-POUVOIR ET TRANSFORME-TOI EN UN JOLI PAPILLON !

ÉTAPE 1

Place-toi debout, les bras le long du corps. Tu peux fermer les yeux pour mieux te concentrer.

ÉTAPE 2

Imagine que tu vas devenir un joli papillon. Le papillon sort de son cocon, il se met sur une patte et étire son aile droite vers le ciel. Pour faire comme lui, bascule sur ta jambe droite et lève le bras droit vers le ciel. Tu peux ressentir toute la partie droite de ton corps s'étirer comme un papillon.

ÉTAPE 3

Le papillon se met sur l'autre patte et étire son aile gauche. Tu bascules sur la jambe gauche et tu lèves le bras gauche vers le ciel. Tu peux ressentir toute la partie gauche de ton corps s'étirer.

ÉTAPE 4

Maintenant, le papillon prend son envol. Tu montes les deux bras vers le ciel et tu étires tout ton corps comme pour t'envoler. Tu peux ressentir tout ton corps s'étirer.

ÉTAPE 5

Tu redescends les bras le long de ton corps et tu accueilles les sensations. Tu écoutes ce qu'il se passe dans ton corps.

QUAND ?

Lorsque votre enfant a besoin de se détendre, de se recentrer, ou pour renforcer sa confiance en lui.

LE PETIT + LUDIQUE

L'exercice peut être adapté avec un autre animal ou personnage féerique : une fée, un oiseau, un elfe ou tout autre personnage avec lequel votre enfant peut s'identifier. Vous pouvez également inventer une histoire pour rendre l'exercice encore plus ludique. Faites preuve d'imagination !

COMMENT ?

Debout, pieds nus sur le sol, pour qu'il puisse mieux prendre conscience de sa stabilité.

BÉNÉFICES DE CETTE PRATIQUE

Cet exercice permet à l'enfant de prendre conscience de l'ensemble de son corps et de la place qu'il occupe. En étirant les parties latérales de son corps, il renforce son équilibre et sa stabilité intérieure. Pratiqué régulièrement, cet exercice lui permet de prendre sa place et de renforcer sa confiance en lui. L'enfant se sent plus stable et plus fort. C'est aussi un bon exercice pour se détendre physiquement.

CONSEILS POUR LES PARENTS

Avant l'exercice, pour renforcer la prise de conscience de son corps, l'enfant peut toucher chaque partie de son corps en la nommant : « Je touche ma tête, je touche mon cou, je touche mes épaules, etc. » Vous pouvez aussi l'inviter à nommer les parties du corps en mouvement sur des musiques rythmées.

APPRENDRE À SE DÉTENDRE

Certains enfants bougent tout le temps : ils courent, grimpent, sautent, se balancent ou sautillent. L'enfant peut être agité car c'est un moyen pour lui de libérer son énergie. C'est aussi une manière de libérer une émotion trop forte qu'il ne peut pas contrôler. Parfois, cela peut être dû à la fatigue ou à un trop-plein de stimulations autour de lui, par exemple dans les grandes surfaces. Le cerveau des enfants n'étant pas mature, il est difficile pour eux de gérer leurs émotions et leurs impulsions. Cette nervosité épuise autant l'enfant que le parent. Certains enfants apprennent facilement à se calmer tandis que d'autres n'y parviennent pas. Réussir à se détendre peut être difficile pour certains enfants. Avec l'aide d'un parent ou en accompagnement thérapeutique, l'enfant peut apprendre à contrôler ses gestes et ses comportements pour arriver à maîtriser son corps.

L'exercice du lion qui se transforme en un chat relaxé est très apprécié des enfants. Lors de la pratique, ils relâchent différentes parties de leur corps en alternant des actions de contraction et relâchement : « Lorsque je deviens un lion, je contracte très fort mes bras. Pour devenir un chat relaxé, mes bras deviennent tout mous et se détendent. Je me transforme de nouveau en un lion et je contracte très fort mes jambes, puis je redeviens un chat en les relâchant. » Grâce à cet exercice, ils parviennent à prendre conscience des tensions de chaque partie de leur corps et à les relâcher. Avec la pratique, les enfants sont capables de se détendre facilement. Ils parviennent également à distinguer leur corps agité de leur corps calme. Il est préférable de leur apprendre cet exercice quand ils ne sont pas excités, afin qu'ils puissent par la suite mieux gérer leur agitation.

Dans un monde où le rythme de vie est trépidant, les enfants ont plus que jamais besoin d'outils pour faire face à l'agitation environnante. Lorsque des techniques de relaxation sont appliquées dans les écoles, on remarque une diminution significative de l'agressivité. La relaxation permet à l'enfant d'améliorer son attention et sa concentration. Les émotions de l'enfant sont plus faciles à gérer, son humeur est plus stable, et il peut s'endormir plus facilement. Quelques minutes d'exercices de détente par jour suffisent pour obtenir des résultats satisfaisants et durables.

La relaxation n'est pas synonyme de « ne rien faire » : elle signifie plutôt trouver de l'apaisement dans son corps. Elle vise à atteindre une détente musculaire et un bien-être physique et mental. Contrairement aux adultes, les enfants ne sont pas toujours capables de rester immobiles. C'est pourquoi, en sophrologie, ils apprennent à se détendre par des exercices de relaxation dynamiques. La méthode employée est la diminution de la consommation d'énergie. De cette manière, moins l'enfant consomme d'énergie, plus il sera détendu. Néanmoins, nous n'avons pas pour habitude d'apprendre à nous relaxer. Les parents disposent de peu de temps pour se détendre. Il en est de même pour les enfants : leur quotidien leur laisse peu de temps libre. C'est pourquoi, il est important d'instaurer dès l'enfance des habitudes de retour au calme pour retrouver son corps et son énergie. Cela vous aidera, votre enfant et vous, à ralentir votre activité, à relâcher votre mental en revenant dans le moment présent. Un moment calme apaise le corps et l'esprit. La relaxation est une façon de faire, dans sa journée, une pause qui contribue au bien-être.

PRATIQUE : LA POUDRE MAGIQUE

LA POUDRE MAGIQUE AIDE LES SUPER-HÉROS À SE DÉTENDRE !

Installe-toi confortablement et ferme les yeux pour mieux te concentrer. Respire tranquillement et imagine ce que je vais te raconter. Imagine que tu es dans un bel endroit de nature. Un endroit que tu peux inventer ou un endroit que tu connais déjà. Dans cet endroit, tu es confortablement allongé. Tu peux regarder au-dessus de toi et admirer un magnifique ciel bleu. Le soleil réchauffe ta peau. Tu peux entendre les bruits de la nature tout autour de toi. Lorsque, tout à coup, un animal féerique vole au-dessus de ton visage. Dans l'une de ses mains, il a un petit flacon. À l'intérieur de ce flacon, il y a de la poudre magique. Cette poudre magique va aider ton corps à se relâcher et à devenir tout mou. Pour commencer, l'animal féerique dépose de la poudre magique sur ta tête. Celle-ci se relâche et se détend comme par magie ! Tes yeux, tes joues se détendent et ta mâchoire se desserre. Maintenant, cet animal dépose de la poudre magique sur ton cou, tes épaules et tes bras, qui se relâchent. Tes mains se détendent elles aussi. À présent, il verse le flacon rempli de poudre magique sur ton ventre, qui devient tout mou. Écoute ta respiration qui devient calme. Écoute ton cœur qui bat doucement. Maintenant, il dépose la poudre magique sur l'une de tes jambes. Ta cuisse, ton mollet et ton pied deviennent tout mous comme du caoutchouc. L'animal féerique verse le reste de la poudre magique sur l'autre jambe, qui elle aussi se détend complètement. Ta cuisse, ton mollet et ton pied sont très relâchés et deviennent tout mous. Grâce à cette poudre magique, tu peux ressentir tout ton corps agréablement détendu. Tu te sens calme et tu te sens bien. Tu profites pendant quelques instants de ce moment de tranquillité… Lorsque tu le souhaiteras, tu pourras doucement bouger tout ton corps, des pieds jusqu'à la tête. Tu peux t'étirer, bâiller et ouvrir tes yeux.

Tu sais que tu pourras faire appel à ton animal féerique à chaque fois que tu en auras besoin. Il pourra alors déposer de la poudre magique pour aider ton corps à se détendre.

QUAND ?

Pour permettre à votre enfant de se détendre, par exemple avant de s'endormir le soir.

COMMENT ?

Assis ou allongé confortablement dans un endroit calme et silencieux.

LE PETIT + LUDIQUE

Le contact tactile peut aider l'enfant à se détendre. Vous pouvez raconter l'histoire tout en faisant rouler une balle relaxante ou glisser une petite plume le long de son corps.

BÉNÉFICES DE CETTE PRATIQUE

La relaxation est un moyen d'apaiser les maux. Elle rend l'enfant attentif à ce qu'il ressent. Elle calme les tensions, apaise les peurs, la colère, et l'encourage à retrouver confiance en lui. Ce type d'exercice aide l'enfant à prendre conscience de son corps et de ses émotions. C'est une autre forme de lecture du corps, qui lui permet aussi de prendre conscience de son schéma corporel.

CONSEILS POUR LES PARENTS

Les enfants ne sont pas capables de se concentrer aussi longtemps que les adultes, et il est difficile pour les plus petits de rester parfaitement immobiles. Vous pouvez laisser votre enfant bouger pendant l'exercice, cela ne l'empêche pas de se relaxer. Pour améliorer sa capacité d'attention, vous pouvez faire deux ou trois minutes de relaxation par jour. Avec la pratique, vous pourrez progressivement augmenter le temps de relaxation. Il est préférable de se relaxer peu mais bien. Un exercice de relaxation trop long risque de repousser votre enfant. Avec l'habitude, l'enfant sera en capacité de se relaxer rapidement. Pour que ce moment reste agréable, il est préférable que la relaxation soit ludique. Elle doit apporter à votre enfant de la détente mais aussi du plaisir.

AUTRES ACTIVITÉS POUR LA MAISON POUR PRENDRE CONSCIENCE DE SON CORPS ET SE DÉTENDRE

IMITE UN ANIMAL

Imite un papillon qui bat des ailes ; un chat qui s'étire puis qui fait le dos rond ; un lapin qui bondit ; une girafe qui étire son cou ; un chien qui étire chacune de ses pattes.

LES MAINS CHAUDES

Frotte tes mains l'une contre l'autre pour activer leur pouvoir magique. Lorsqu'elles deviennent bien chaudes, tu peux les poser sur ton visage pour le détendre. Tu peux recommencer en posant tes mains sur tes épaules, ton ventre, tes jambes et tes pieds.

LE MIROIR

Demande à un adulte de se placer debout face à toi, comme s'il était ton miroir. Lorsqu'il bouge sa jambe, bouge la tienne ; lorsqu'il bouge son bras, bouge le tien. Imite tous ses mouvements et amuse-toi !

DESSINE LE CONTOUR DE TON CORPS

Imagine que ton index est un stylo magique. Trace le contour de ton corps à l'aide de ce stylo. Lorsque tu as terminé, essaie de reproduire le contour de ton corps en le dessinant sur une feuille.

Chapitre 6
Vivre la magie de l'instant

« POUR ÊTRE HEUREUX, IL FAUT ÉLIMINER DEUX CHOSES : LA PEUR D'UN MAL FUTUR ET LE SOUVENIR D'UN MAL PASSÉ. »

SÉNÈQUE

Pour se sentir bien dans leur tête et dans leur corps, les super-héros ont besoin d'apprendre à vivre dans la magie de l'instant. La réalité, ce qui est vrai, c'est ce qu'il se passe ici et maintenant. Tout le reste n'est qu'illusion. Hier n'existe plus et demain pas encore, nous n'avons que l'instant présent. Lorsque nous sommes mentalement dans le passé ou dans le futur, nous sommes dans une ligne temporelle qui n'existe pas. L'instant présent est ce moment magique, un instant furtif, qui, si nous ne le saisissons pas, est déjà passé et n'existe plus. Lorsque nous sommes dans le moment présent, toute notre attention est focalisée sur l'instant T. Généralement, nous avons pour habitude d'être « ici » tout en étant « ailleurs ». Notre corps est présent mais pas notre mental. Combien de fois dans la journée êtes-vous réellement présent à ce que vous êtes en train de faire ? Prenez-vous le temps de savourer votre café ou votre thé au moment où vous le buvez ? Êtes-vous pleinement conscient de vos lèvres qui trempent dans la tasse ? Êtes-vous conscient de son goût sur vos papilles ? Prenez-vous le temps de sentir et d'apprécier l'eau chaude de la douche couler sur votre peau ? Avez-vous déjà pris le temps d'écouter le bruit du vent dans les arbres lorsque vous marchez ? Dans nos journées bien remplies, entre le travail, les enfants, les courses, le ménage et les activités, nous ne savons plus savourer l'instant. Nous nous accrochons au passé et essayons de maîtriser le futur. Nous quittons le monde réel et nous plongeons dans un monde virtuel. Nous anticipons le lendemain, nous projetons dans le futur, ressassons des regrets, nous réfléchissons, nous analysons. Finalement, nous existons mais nous ne vivons pas. Nous pensons à ce qui devrait être plutôt que de vivre ce qui est. Si l'on s'accroche au passé, beaucoup d'émotions peuvent faire surface et peuvent causer de la souffrance. En anticipant le futur, on s'inquiète et on génère du stress et de l'anxiété. Or lorsque l'on s'installe dans l'instant présent, on est totalement conscient de ce que l'on fait. Les problèmes liés au passé n'existent plus et ceux de demain n'existent pas encore.

Souvenons-nous de nous enfants. Nous étions capables de sentir que nous n'avions besoin de rien d'autre que ce qui était là. Nous étions en capacité de goûter intensément à l'expérience du moment. Observons les enfants lorsqu'ils jouent : ils vivent pleinement ce qu'ils sont en train de faire. À ce moment-là, rien d'autre n'existe que ce qu'ils regardent, écoutent et sentent. Ils habitent pleinement l'instant présent. Ils ont cette caractéristique commune de se réjouir d'un rien. Jusqu'à un certain âge, il n'est pas rare qu'un enfant confonde « aujourd'hui » avec « hier » et « demain ».

Lorsque vous dites à un enfant que son anniversaire est dans deux semaines, cela ne lui parle absolument pas. Les enfants n'ont pas réellement conscience du temps qui passe. C'est ce qui leur permet de ne pas ressasser le passé ni anticiper le futur. Ces notions n'ont pas d'emprise sur eux. Mais peu à peu, en grandissant, ils vont intégrer les signes du temps qui passe. L'enfant va comprendre que la vie a un début et une fin. Il va intégrer et prendre conscience de la notion de la mort, ce qui peut engendrer une certaine anxiété. Cette notion du temps va peu à peu le conduire à fonctionner comme un « adulte ». Certains enfants plus anxieux ou plus sensibles vont ruminer des pensées parasites, en n'étant plus dans l'instant présent. Nous devons encourager les enfants à préserver le plus longtemps possible leur aptitude à savourer le moment présent. Plus ils sont en capacité de rester dans l'ici et maintenant, moins ils se font piéger par leur mental. En se détachant du mental, ils gagnent en sérénité et en liberté.

La sophrologie est une méthode de pleine conscience qui aide à débrancher le pilote automatique. On apprend à porter une attention particulière à l'instant présent. Ce que nous enseigne la sophrologie, c'est à être pleinement conscients de tout ce qui est là. Nous quittons le mental pour revenir au corps et à notre respiration : deux éléments indispensables pour revenir à « l'ici et maintenant ». Nous pouvons alors nous réjouir de tous ces plaisirs qu'offre la vie. Des plaisirs simples tels que s'émerveiller des couleurs du ciel, apprécier le silence une fois la nuit tombée, humer les odeurs de la nature, savourer les matins calmes et la lumière dorée en été. Tous ces instants de vie qui nourrissent le positif au quotidien et qui font appel à la douceur, à la légèreté et à la plénitude. J'avais pour rituel de demander aux élèves de l'école de me citer trois choses positives qu'ils avaient appréciées dans leur journée. Comme ils avaient passé leur journée à l'école, l'exercice n'était pas aisé. Mais rapidement, ils savaient s'exercer à repérer les éléments positifs de la journée. Un jour, lors d'une séance, un enfant me dit : « Je me suis disputé avec mon meilleur copain, j'étais triste et en colère. Mais j'ai vite oublié quand j'ai vu ce magnifique papillon dans la cour de récré. Il était très beau, avec plein de couleurs. Je n'en avais jamais vu d'aussi près, j'étais très content de le voir s'envoler. » C'est cela la magie et le pouvoir de l'instant : les soucis s'envolent d'un battement d'ailes de papillon.

LE PETIT VÉLO MENTAL

N'avez-vous jamais eu ce petit vélo qui tourne sans cesse dans votre tête ? Des pensées parasites qui vous assaillent ? Généralement, nous sommes plutôt doués pour ruminer. Parfois, nous aimerions prendre une télécommande et mettre sur « pause » pour que cela s'arrête. Notre attention est constamment happée par le mental, et les enfants n'y échappent pas. On rumine lorsque les choses ne se passent pas comme on le voudrait. Dès le réveil, nous sommes assaillis par un flot incessant de pensées qui nous parlent de tout. Ces pensées sont comme des insectes volants qui s'agitent : elles sont toujours en mouvement. Elles nous traversent et nous dispersent. Nous ruminons en présumant que cela nous aidera à trouver des solutions. Ces petites voix que nous entendons sont souvent plus critiques que bienveillantes : elles nous empêchent de dormir, de prendre des décisions, de réaliser des projets, elles grignotent notre énergie et nous empêchent de nous concentrer. Elles jugent et donnent leur opinion sur nous-mêmes, sur ce que nous faisons, sur notre entourage. Ces pollutions de l'esprit nous agressent et nous submergent. Elles sont comme un flot de fumée qui nous asphyxie, un voile sombre derrière lequel le monde paraît terne, presque fantomatique. Plus nous nous accrochons à ces ruminations, plus elles se fixent dans notre esprit et se solidifient. Comme de mauvaises herbes qui s'enracinent, elles s'implantent et nous font souffrir. En nous accrochant à elles, nous leur donnons de l'importance. Elles provoquent des sentiments de culpabilité, de regret, d'anxiété. Nous sommes alors guidés par nos peurs, nos angoisses et nos remords.

Les pensées parasites impactent fortement notre quotidien et celui de nos enfants. Lorsqu'une émotion a lieu, elle laisse place à un sentiment que l'on rumine : « Je me suis disputé et maintenant j'ai de la peine, je n'arrête pas d'y penser. » Parfois, nous nous identifions à nos pensées et nous pensons qu'elles représentent la réalité : « La dernière fois, j'ai raté mon contrôle ; je pense que cette fois, je n'y arriverai pas. » Beaucoup de pensées ne reflètent pas la réalité. Il est important pour les enfants de comprendre qu'il ne faut pas croire ni faire tout ce que les pensées leur racontent comme histoire dans leur tête. Elles abritent beaucoup de jugements de valeurs. Vous pouvez apprendre aux enfants à ne plus écouter ces pensées. Ils ne peuvent pas les arrêter ni les supprimer, mais ils peuvent les diriger et les influencer.

PRATIQUE : LE COFFRE SECRET

LORSQUE LES SUPER-HÉROS ONT TROP DE PENSÉES, ILS UTILISENT LE COFFRE SECRET. FAIS COMME EUX !

ÉTAPE 1

Choisis une jolie boîte que tu pourras décorer comme un coffre-fort si tu le souhaites.

ÉTAPE 2

Si une pensée t'embête, tu peux l'écrire ou la dessiner sur une feuille de papier, puis faire une boule avec cette feuille.

ÉTAPE 3

Prends une grande inspiration et souffle fort en jetant la boule de papier dans ton coffre-fort. Recommence si besoin.

ÉTAPE 4

Si tu n'as plus de pensées qui te gênent, tu peux fermer la boîte. C'est ton coffre secret, il contient toutes les pensées qui t'embêtent.

QUAND ?

À chaque fois que votre enfant rumine des pensées, avant de s'endormir par exemple.

COMMENT ?

Debout avec une jolie boîte placée devant lui.

LE PETIT + LUDIQUE

L'enfant peut aussi jeter des objets qui représentent ses pensées. Laissez son imagination et sa créativité s'exprimer pour cet exercice.

BÉNÉFICES DE CETTE PRATIQUE

L'enfant pourra matérialiser ses pensées et s'en libérer grâce à cet exercice. Cela l'aidera à prendre de la distance avec son mental et toutes les petites choses qui l'embêtent.

CONSEILS POUR LES PARENTS

Faites en sorte que la boîte soit accessible à votre enfant pour qu'il puisse l'utiliser à chaque fois qu'il en a besoin. Vous pouvez aussi lui proposer de partager avec vous ses pensées parasites, s'il en ressent le besoin.

OBSERVER SES PENSÉES

C'est comme si nous avions dans notre tête des milliers de petites voitures représentant nos pensées. La plupart du temps, ces voitures traversent notre tête à toute allure. De temps en temps, lorsque nous restons focalisés sur l'une d'elles, celle-ci se met à ralentir, créant ainsi des embouteillages. Nous pouvons choisir de la suivre ou de l'observer en la laissant continuer sa route. On observe leur mouvement, le moment où elles apparaissent et celui où elles disparaissent. On les regarde traverser la tête sans chercher à s'y accrocher. Pour cela, nous devons adopter une attitude de présence à ce qu'il se passe dans l'ici et maintenant. Nous avons à portée de main un précieux outil que nous pouvons utiliser comme une ressource pour revenir au moment présent : la respiration. Lorsque nous ruminons, nous devons nous arrêter un instant et revenir à notre respiration. Être à l'écoute de nos perceptions corporelles, bien ancrés dans le moment présent. Il nous sera alors plus facile d'observer nos pensées, de comprendre ce qu'il se passe dans notre tête et de juger si ces pensées sont utiles ou non. Nous pouvons observer le mouvement de notre respiration sans chercher à la modifier, juste la ressentir dans le corps. La respiration est comme une ancre qui permet de garder un lien avec le présent. À chaque fois que nous nous dispersons, il suffit de revenir à cette ancre. En respirant, nous créons un espace pour observer et prendre de la distance. Nous apprenons alors à nous dissocier de notre mental pour ne plus être piégés par lui. Au début, il arrive que nos pensées reprennent facilement le dessus. Nous leur obéissons, comme à une impulsion. Au lieu d'être présents à notre respiration, à notre corps, nous pensons qu'il est plus utile ou plus urgent de retourner à nos tâches quotidiennes. Nous répondons aux ordres de notre mental, tels des esclaves. Mais avec de l'entraînement, nous pouvons apprendre à ne plus y répondre systématiquement. Cela n'empêche pas les pensées de se produire, mais notre rapport à elles sera transformé. Nous cesserons de les nourrir et de les subir. Elles nous traverseront pour se dissoudre d'elles-mêmes.

Je me souviens d'Emma, une fillette que j'accompagnais et qui me racontait comment elle avait réduit certains automatismes. En allant se coucher, tous les soirs, au lieu de se laisser aspirer par ses pensées, elle prenait le temps de respirer et de prendre conscience de ce qu'elle ressentait. Ces petits instants ajoutés à d'autres dans la journée avaient fait reculer son anxiété. C'est avec la pratique et l'expérience que nous sommes capables de prendre de la distance avec notre mental. Lorsqu'on s'arrête pour observer ses pensées, on choisit d'y voir plus clair. On balaie les poussières qui encombrent l'esprit. On peut apprendre aux enfants à contempler leurs pensées sans s'y attarder. Si des pensées viennent traverser leur esprit, ils les laissent passer, ils les observent et les regardent repartir. Ainsi, ils comprennent que les pensées ne sont pas la réalité mais juste des pensées. Moins elles auront de l'importance et plus elles s'effaceront. Si on ne leur accorde plus d'attention, elles finissent par s'en aller.

PRATIQUE : LES DOIGTS DE FÉE

POUR SE DÉBARRASSER DE LEURS PENSÉES, LES SUPER-HÉROS UTILISENT LES DOIGTS DE FÉES ET CHASSENT LES NUAGES !

ÉTAPE 1

Compte avec les doigts de ta main chacune des pensées qui te gênent.

ÉTAPE 2

Place tes doigts devant toi, prends une inspiration en gonflant le ventre et souffle doucement par la bouche sur l'un de tes doigts jusqu'à ce que ta pensée disparaisse. Concentre-toi bien sur ta respiration. Quand tu souffles, ta pensée s'éloigne de toi. Lorsque cette pensée n'est plus là, replie ton doigt.

ÉTAPE 3

Recommence l'exercice avec chacun de tes doigts restants jusqu'à ce que toutes tes pensées disparaissent.

PRATIQUE : JE CHASSE LES NUAGES

ÉTAPE 1

Installe-toi confortablement dans une position qui te convient. Ferme les yeux pour mieux te concentrer. Observe les pensées dans ta tête, elles sont comme des nuages qui passent le ciel. Certains nuages sont blancs et tout doux. D'autres sont moins jolis et tout gris.

ÉTAPE 2

Tu vas pouvoir chasser les gros nuages tout gris. Pour cela, inspire fortement par le nez, retiens l'air quelques secondes et souffle fortement comme si tu voulais chasser ces nuages avec ton souffle. Prends tout ton temps pour chasser tout ce qui encombre ton esprit.

ÉTAPE 3

Relâche ton corps et observe toutes les sensations qui viennent. Tu peux recommencer plusieurs fois jusqu'à chasser toutes les pensées qui t'embêtent.

QUAND ?

Lorsque votre enfant rumine des pensées et qu'il a des difficultés à se concentrer ou à s'endormir.

COMMENT ?

Debout ou assis dans un endroit confortable.

LE PETIT + LUDIQUE

L'enfant peut faire le même exercice en soufflant sur la flamme d'une bougie[2].

2. Attention, cet exercice doit être réalisé sous la surveillance d'un adulte.

BÉNÉFICES DE CETTE PRATIQUE

Dans cet exercice, l'enfant apprend à observer ses pensées pour mieux comprendre ce qu'il se passe dans sa tête. Ses pensées peuvent s'estomper grâce à son souffle.

LE FILM MENTAL

Lorsque nous nous attardons sur certaines de nos pensées, nous nous créons un véritable film intérieur. Sur notre écran mental, nous pouvons voir se dérouler toutes sortes de scènes de films : nous nous voyons en train de déprimer le jour où notre enfant sera scolarisé, nous nous imaginons en train de rater un entretien ou de passer une mauvaise nuit suite à une journée compliquée. Ces projections internes sont perçues comme réelles pour notre cerveau. Physiquement, nous pouvons ressentir des tensions, le cœur qui s'accélère ou la respiration qui devient haletante, comme si nous vivions réellement ces scénarios. Si l'un de vos proches doit raccompagner votre enfant et qu'il n'est pas présent à l'heure du rendez-vous, vous imaginez le pire. Vous êtes inquiet, vos sens sont en alerte, plus le temps passe, plus vous imaginez des choses graves. Vous vous affolez, vous vous crispez, vous commencez à paniquer. Votre corps réagit comme si c'était réel. Nous produisons nous-mêmes ces scénarios, et parfois sans en avoir forcément conscience. Nous conditionnons notre cerveau et nos comportements en fonction de ces projections. Plus nous nous attardons sur des scènes négatives, plus nous nourrissons ce négatif et plus nous nous conditionnons à nous comporter de manière négative. Comme ce petit garçon passionné de tennis, Axel, qui, persuadé depuis plusieurs semaines qu'il allait rater son match, s'est découragé et a fait de nombreuses fautes.

Ce que nous projetons mentalement a donc un pouvoir considérable. Notre imaginaire influence notre réalité. Mais cela fonctionne aussi avec les scènes agréables. Notre cerveau peut conditionner notre corps et nos comportements pour atteindre des objectifs. La visualisation est un outil clé de la sophrologie pour conditionner le mental positivement. La visualisation positive est employée pour activer la sérénité, le calme, pour se préparer à un événement ou pour développer son potentiel. Elle est surtout connue chez les sportifs de haut niveau pour préparer une compétition. Cette technique vise à utiliser ses propres ressources et son imagination pour atteindre un mieux-être. Répétée de façon régulière, cette méthode est très efficace. Lana appréhendait beaucoup un voyage scolaire. Elle n'était jamais partie de chez elle, et cela créait beaucoup d'angoisse en elle. Nous avons fait des exercices de visualisation pendant lesquels elle a imaginé chaque étape de son voyage : le départ, les activités avec ses camarades, les paysages qu'elle allait découvrir. Pour chacune de ces étapes, elle a appris à activer le positif. Elle s'est vue sereine et confiante en elle-même. Elle a répété cet exercice quelques minutes par jour et cela lui a suffi pour faire disparaître son angoisse. Après quelques séances, elle était impatiente de partir.

L'utilisation de cette technique permet de duper le cerveau et de conditionner le mental. Plus vous vous entraînez et plus votre cerveau percevra l'image mentale comme réelle. La visualisation est efficace. Certes, elle n'agit pas comme une baguette magique, elle ne peut pas changer la réalité ni accomplir des choses impossibles. En revanche, elle permet de lever les freins psychologiques en créant un espace intérieur dans lequel nous ne sommes plus soumis à des injonctions. Cet espace reprogramme nos petites voix intérieures. Les images positives se substituent aux pensées stressantes, aux sensations et émotions négatives qui nous assaillent. La visualisation offre de nombreux bienfaits chez les enfants. Elle leur permet de s'imprégner d'émotions positives, de retrouver de la confiance et de lâcher prise dans les situations qu'ils ne peuvent pas contrôler.

PRATIQUE : LA NATURE ENVOÛTANTE

POUR S'APAISER, LES SUPER-HÉROS AIMENT SE PROMENER DANS LA NATURE ENVOÛTANTE. VIENS AVEC EUX !

Assieds-toi ou allonge-toi confortablement. Tu peux fermer les yeux pour mieux te concentrer. Respire trois fois profondément : l'air entre par ton nez, et tu souffles par la bouche doucement et lentement. Recommence une deuxième fois… Et une troisième fois. Maintenant, observe ta respiration. Prends tout ton temps pour sentir le mouvement de ton souffle.

À présent, tu peux imaginer l'histoire que je vais te raconter comme si elle se déroulait sur un grand écran de cinéma. Tu peux voir sur cet écran un bel endroit de nature. C'est un lieu merveilleux et féerique. Cela peut être un lieu que tu connais déjà ou bien un endroit que tu imagines. Prends le temps de l'observer. Tu regardes ses formes et ses couleurs. Les couleurs sont magnifiques, tu vois du bleu, du vert, du jaune et peut-être d'autres couleurs. C'est comme si tu étais à l'intérieur d'un arc-en-ciel. Il y a de beaux nuages qui viennent se poser sur le sol et sur lesquels tu peux monter et t'allonger. Ils sont doux et confortables. Allongé sur ton nuage, tu peux regarder le ciel et y voir de jolis oiseaux voler. Tu les entends chanter, leur douce mélodie parvient à tes oreilles. Le soleil vient réchauffer ta peau et c'est très agréable. Dans cet endroit, tu peux aussi voir de grands arbres, beaux et majestueux. Tu entends le vent souffler dans leurs feuilles. Et tout autour de toi, il y a des papillons multicolores qui volent. L'un d'eux vient se poser sur toi, et ton corps devient lumineux comme le soleil. Tu te sens calme et léger comme les nuages. À l'intérieur de toi, s'installe une force qui ressemble à celle des arbres bien enracinés dans la terre. Tu te sens merveilleusement bien, c'est comme si ton esprit pouvait s'envoler tel un papillon. Dans ta tête, il y a des éclats de couleurs comme dans un arc-en-ciel. Tu sens toute la nature à l'intérieur de toi. Comme elle, tu te sens paisible et tranquille. Tu es calme et apaisé. Tu profites encore quelques instants de ces merveilleuses et douces sensations… Et quand tu le souhaites, tu laisses partir ces belles images. Tu ouvres tranquillement les yeux et tu profites encore de ces belles sensations.

QUAND ?

À tout moment. Pour retrouver du calme, faire une pause dans la journée ou faciliter l'endormissement.

COMMENT ?

Assis ou allongé dans un endroit calme et confortable.

LE PETIT + LUDIQUE

Vous pouvez ajouter un fond sonore pour accompagner l'histoire.

BÉNÉFICES DE CETTE PRATIQUE

Cette visualisation favorise le relâchement des tensions et le retour au calme. Elle apporte tranquillité et détente. Elle permet aussi de développer l'attention et la concentration de l'enfant.

CONSEILS POUR LES PARENTS

Prenez bien votre temps pour raconter l'histoire à votre enfant afin qu'il s'imprègne des images. Pour vous aider, vous pouvez ménager des temps de pause entre chaque phrase. Pensez à adapter le vocabulaire à l'âge de votre enfant. Si vous avez suffisamment d'imagination, vous pouvez vous amuser à créer différentes visualisations et à les modifier selon les besoins de votre enfant ou l'objectif souhaité.

Chapitre 7
Devenir un super-héros

« LE PLUS BEAU CADEAU QUE L'ON PEUT FAIRE À UN ENFANT N'EST PAS TANT DE L'AIMER QUE DE LUI APPRENDRE À S'AIMER. »

JACQUES SALOMÉ

Dotés de merveilleux super-pouvoirs, les super-héros fascinent les enfants. Pour nombre d'entre eux, le super-héros représente une sorte de modèle qui leur donne envie de grandir. Les super-héros sont avant tout des personnages normaux qui peuvent être timides, manquer de confiance ou d'assurance. Il est facile pour les enfants de s'identifier à eux car les super-héros aussi subissent des situations difficiles dans lesquelles ils ne savent pas toujours comment agir. Le héros incarne alors un idéal pour l'enfant, qui rêve de devenir comme lui pour être aussi fort. Les enfants peuvent se valoriser et se sentir invincibles. En se mettant dans la peau de leur héros favori, ils s'imaginent qu'ils sont capables de tout. Ils apprennent à se connaître eux-mêmes en se confrontant à leur propre limite : est-ce que je suis fort ? Est-ce que j'ai du courage ? Est-ce que je suis capable ? Dans certaines situations difficiles, jouer un personnage leur donne du courage. En inventant des scénarios, ils développent de nouvelles capacités. Comme un super-héros qui a des pouvoirs magiques, ils ont eux-mêmes de super-capacités. Ils vont pouvoir surmonter certaines peurs ou certains obstacles en prenant conscience de leurs talents cachés. Cela apprend aussi aux enfants à s'accepter tels qu'ils sont.

En séance de sophrologie, nous essayons de rendre possible cette « assimilation au super-héros ». Quand, en séance, Louise s'est imaginée dans la peau de Ladybug, l'héroïne phare du moment, elle s'est tout de suite mise dans une posture fière, elle se sentait forte et toute-puissante.

Vous pouvez prendre le temps d'échanger avec votre enfant sur le super-héros qui l'inspire afin de discerner ce qui est important pour lui. Vous pouvez mettre en place des jeux où votre enfant pourra s'imaginer devenir le super-héros qu'il admire tant. Vous pouvez aussi lui faire remarquer que même son héros préféré commet des erreurs et essaie de surmonter les difficultés. Vous pouvez aussi lui raconter une histoire où son héros surmonte un problème similaire au sien. Il pourra s'inventer des scénarios où il fait face à des difficultés qu'il arrive à surmonter grâce à des pouvoirs. En recevant le statut de super-héros, votre enfant pourra se projeter dans une réussite. Il pourra développer une plus grande confiance en lui. Les histoires sont des outils puissants, elles permettent de faire passer un message ou une idée. Une étude menée par les chercheurs de l'Ohio State University a ainsi révélé que lorsque des personnes lisent une histoire fictive, ils ressentent les émotions, les pensées et les croyances du personnage comme s'il s'agissait des leurs. Ils ont constaté que les personnes qui s'identifiaient fortement à un personnage fictif changeaient leur comportement de manière significative et bénéfique.

L'IMPORTANCE DE LA CONFIANCE EN SOI

On ne naît pas super-héros, on apprend à le devenir. La confiance en soi n'est pas quelque chose d'inné, mais elle se construit dès le plus jeune âge. Elle est un précieux socle qui sera utile à votre enfant tout au long de sa vie. Cette compétence lui est indispensable pour apprendre à dépasser les difficultés, affronter ses peurs et tisser des relations sociales harmonieuses. Votre enfant aura besoin de s'armer de confiance afin d'avancer sereinement dans sa vie. L'estime de soi donne à l'enfant une grande force qui lui permettra de surmonter les obstacles. Elle a une influence sur son quotidien, elle l'aide à apprendre de ses erreurs, à se dépasser, à affronter ses peurs. C'est la clé de tout apprentissage. Un enfant qui a confiance en lui apprendra de nouvelles stratégies en cas d'échec. Tandis qu'un enfant qui en est dépourvu baissera vite les bras en se dévalorisant.

« Je suis nul », « Je ne suis pas capable », « Je ne sais rien faire », « Je suis bête » sont des phrases que nous pouvons entendre de la part de nos enfants, et que nous pouvons nous dire à nous-mêmes à certains moments. Lorsque l'on manque de confiance en soi, il arrive que l'on manque aussi d'estime envers soi-même. Nous portons un jugement dur envers nous et nous donnons de l'importance au regard que les autres portent sur nous. La confiance en soi n'est pas une compétence acquise pour toujours. Elle peut être écornée par des blessures, des messages dévalorisants répétés ou certaines situations de mise en échec. La vie n'étant pas linéaire, chacun peut être en proie au doute ou à la dévalorisation de lui-même. Ce sentiment est souvent accompagné d'émotions telles que la peur, l'angoisse ou l'anxiété. Chez les enfants, le manque de confiance en soi peut se faire sentir par un comportement agressif, voire provocateur. Pour se défendre, ils attaquent ou se mettent en posture défensive. Ils peuvent se sentir rejetés, avoir le sentiment d'être mal aimés, se découragent, refusent la nouveauté ou semblent ne pas être intéressés. Parfois, ils se mettent en échec pour se donner raison et se prouver qu'ils ne sont pas capables d'accomplir quelque chose ou ne méritent pas d'être aimés à leur juste valeur. Un manque de confiance en soi peut entraîner chez les enfants un trouble panique, une phobie, ou encore un trouble obsessionnel compulsif.

Au cabinet, je rencontre fréquemment des enfants qui manquent considérablement de confiance en eux. Certains se dévalorisent, d'autres doutent de leurs capacités ou remettent en question leurs compétences. Et bien au-delà de la gestion des émotions ou des troubles du comportement, c'est le manque de confiance en soi qui est l'élément déclencheur de nombreuses problématiques. C'est dans ce contexte que je propose aux enfants d'enfiler leur costume de super-héros afin d'activer leurs super-pouvoirs. Nous travaillons sur leurs capacités, leur valeur et leurs qualités. L'enfant peut ainsi apprendre à reconnaître ses forces et ses limites. Il prend sa place, s'ancre comme un arbre qui plante ses racines et apprend à braver toutes les tempêtes en restant solidement debout. La confiance en soi est comme une sculpture qui va changer d'aspect et se modifier en fonction de celui qui viendra lui enlever de la matière ou la restaurer. Elle se module et peut se transformer en une magnifique œuvre d'art ou devenir un tas de pierres qui s'effrite. Il est donc primordial pour l'entourage de l'enfant d'utiliser les bons outils afin de lui bâtir une confiance en soi solide et durable.

LES PETITS CONSEILS

L'IMPORTANCE DES MOTS

En tant que parents, nous devons être particulièrement vigilants sur la façon dont nous aidons notre enfant à construire sa confiance en lui. Nos mots et nos actes peuvent avoir un impact considérable sur son manque de confiance. Parfois, exténués, nous laissons notre parole dépasser notre pensée et ne mesurons pas l'impact de nos mots qui peuvent abîmer la confiance de nos enfants. Le regard que l'on porte sur notre enfant influence sa perception de lui-même. Si nous lui disons qu'il est incapable de bien faire les choses, il endossera ce rôle et fera en sorte de nous donner raison. Nous devons donc préférer la critique constructive à la critique négative. Si nous mettons en avant ses qualités et que nous l'encourageons à s'améliorer, alors il gagnera en confiance.

NE PAS SURPROTÉGER L'ENFANT

Il est important de ne pas surprotéger l'enfant mais de lui donner les bases nécessaires pour développer son autonomie. La confiance en soi d'un enfant se fortifie lorsqu'il se sait capable de faire les choses par lui-même.

NE PAS LE COMPARER

En le comparant à ses frères et sœurs ou à d'autres enfants, l'enfant se sentira dévalorisé. Il risque également d'accorder plus d'importance au jugement des autres. Nous devons mettre l'accent sur ses progrès et l'encourager à s'améliorer. Nous pouvons l'aider à apprendre de ses erreurs.

LUI DONNER DES RESPONSABILITÉS

Plus nous donnons des responsabilités aux enfants, plus ceux-ci se sentent importants. De cette manière, nous les aidons à se sentir utiles et valorisés.

LA SÉCURITÉ AFFECTIVE

Dès sa naissance, nous devons construire une sécurité affective dans laquelle l'enfant se sentira pleinement en confiance. Il doit pouvoir se sentir rassuré sur sa propre valeur, ses capacités et l'amour qu'on lui porte. Il a besoin de se sentir exister et aimé.

L'AMOUR INCONDITIONNEL

En tant que parents, nous devons être bienveillants et autoriser notre enfant à être pleinement lui-même. Il peut avoir des besoins, des pensées, des émotions ou des sentiments différents des nôtres. L'amour inconditionnel a une influence importante sur le développement de sa confiance en lui. En lui portant un regard aimant et gratifiant, nous insufflons à l'enfant la certitude de sa valeur. Il sera ainsi en mesure de dépasser les obstacles.

LA CONFIANCE EN SA PROPRE PERSONNE

Nous devons aussi apprendre à travailler sur notre propre confiance en nous en étant indulgents et bienveillants envers nous-mêmes. Après tout, nous sommes les premiers super-héros aux yeux de nos enfants.

LES SUPER-POUVOIRS

Nous avons tous un super-pouvoir. Les adultes ainsi que les enfants ont chacun des forces qu'ils peuvent activer. Nous avons tous des talents et des qualités personnelles qui ne demandent qu'à être révélés : la patience, la créativité, l'humour, la persévérance… Nous pouvons aider l'enfant à identifier ses propres super-pouvoirs afin qu'il les développe. En utilisant ses forces, il apprendra à avoir confiance en lui.

ASTUCE 1 : PRÉPARER UNE SUPER-POTION

Proposez à votre enfant de préparer une super-potion pour qu'il se sente mieux en toutes circonstances. Prenez une boîte, un sac ou une pochette que votre enfant pourra personnaliser s'il le souhaite.

Invitez la famille ou l'entourage à écrire des petits mots listant ce qu'ils apprécient chez votre enfant. Glissez ces mots dans la petite pochette.

Maintenant, proposez à votre enfant d'y ajouter quelques ingrédients : il peut ainsi y placer des photos souvenirs de moments où il s'est senti particulièrement bien, des diplômes, des médailles, ses meilleures notes ou des dessins de moments de réussite.

Et voilà, sa super-potion est prête ! À chaque fois qu'il en aura besoin, il pourra ouvrir sa pochette pour y découvrir tous les super-pouvoirs qu'il a en lui et retrouver sa confiance.

ASTUCE 2 : DEVENIR UN SUPER-HÉROS

Invitez votre enfant à dessiner son super-héros préféré et demandez-lui de choisir des forces qu'il admire. Proposez-lui de se mettre dans la peau de son super-héros, de choisir un costume ou des accessoires. Il peut marcher comme un super-héros en faisant de grands pas ou s'imaginer voler et être doté de super-pouvoirs : « Fais cinq pas : au premier, tu enfiles ton costume de super-héros ; au deuxième, tu es devenu ton super-héros préféré et tu obtiens des super-pouvoirs ; au troisième, tu penses à une réussite et tu ressens la fierté en toi ; au quatrième, tu sens toutes tes forces à l'intérieur de toi ; au cinquième, tu te sens en confiance et prêt à affronter tous les défis ! »

ASTUCE 3 : LES SUPER-POUVOIRS

Demandez à votre enfant de choisir des petits cailloux ou des coquillages. Chacun d'eux représentera un super-pouvoir qu'il aimerait avoir, améliorer ou voir grandir. Il pourra les personnaliser en fonction de leur super-pouvoir respectif. Lorsque votre enfant aura besoin d'activer l'un de ses super-pouvoirs, il lui suffira de mettre le caillou ou le coquillage dans sa poche et de le serrer dans sa main. De cette manière, il pourra trouver la force dont il a besoin grâce aux super-pouvoirs.

ASTUCE 4 : LES TROIS MISSIONS RÉUSSIES DU JOUR

Chaque soir, proposez à votre enfant d'énumérer trois réussites du jour, à la maison, à l'école ou à l'extérieur. S'il a des difficultés à en trouver, vous pouvez l'aider en énumérant des exemples : parvenir à choisir ses habits, prendre la parole en classe, aider un ami, réussir son devoir, etc. Vous pouvez aussi lui proposer de tenir un carnet de réussite dans lequel il notera ses trois missions réussies chaque jour. Vous pouvez également, lorsqu'il réussit quelque chose dans la journée, le lui faire remarquer afin qu'il s'en souvienne. Cet exercice sensibilisera votre enfant à repérer ses progrès. Plus il s'entraînera à percevoir ses réussites, plus sa confiance en lui se développera.

PRATIQUE :
LE COSTUME DU SUPER-HÉROS

POUR TE SENTIR MIEUX, ENFILE TON COSTUME DE SUPER-HÉROS !

ÉTAPE 1

Mets-toi debout, ferme les yeux et imagine le costume d'un super-héros.
Tu inspires par le nez et tu montes les bras au-dessus de ta tête.

ÉTAPE 2

À présent, tu bloques ta respiration et tu attrapes ton costume.

ÉTAPE 3

Tu souffles par la bouche et tu laisses redescendre tes bras pour l'enfiler.

ÉTAPE 4

Grâce à ce costume, tu obtiens des super-pouvoirs ! Tu fais ce mouvement plusieurs fois pour changer de costume et obtenir de nouveaux super-pouvoirs. Te voilà devenu un super-héros !

QUAND ?

Lorsque votre enfant a besoin de se sentir en confiance, avant un contrôle ou une compétition par exemple.

COMMENT ?

Debout, pieds nus sur le sol pour se sentir ancré.

LE PETIT + LUDIQUE

Et pourquoi pas enfiler un vrai costume ? Vous pouvez aussi créer une mise en scène pour que votre enfant s'imprègne encore plus de son rôle de super-héros.

BÉNÉFICES DE CETTE PRATIQUE

Cet exercice permet à votre enfant de sentir sa force et de renforcer ses capacités pour faire face aux situations où il ne se sent pas en confiance.

CONSEILS POUR LES PARENTS

Vous pouvez proposer à votre enfant d'imaginer que son costume l'accompagne tout au long de la journée. Il peut activer ses super-pouvoirs dès qu'il en ressent le besoin.

VISUALISER UNE RÉUSSITE

Le meilleur moyen d'affronter ce qui nous terrifie ou nous angoisse est de visualiser l'événement en question. Nous pouvons imaginer traverser la situation avec toutes nos ressources et nos capacités. Lorsque nous répétons ce type d'exercice, nous conditionnons nos pensées mais aussi nos comportements. Nous l'avons vu précédemment, tout ce que nous imaginons positivement nous influence. La visualisation permet de mobiliser nos ressources afin de les activer pour des projets futurs. Pour cela, nous devons utiliser notre imagination, qui va stimuler les circuits cognitifs de notre cerveau. Si un enfant est stressé avant de prendre la parole en classe, il est possible de lui proposer un exercice de visualisation. Il pourra visualiser les images, ressentir les sensations et les émotions tout en s'imaginant réussir. La visualisation d'une réussite est efficace quand l'enfant envisage des solutions et des stratégies pour surmonter les difficultés. Ceux qui manquent de confiance en eux peuvent profiter des nombreux bienfaits de la visualisation. Elle leur permet de se sentir plus sereins et rassurés car ils peuvent imaginer la situation à venir. Grâce à leur imagination, les enfants peuvent se voir en train d'atteindre leur objectif. Après avoir gagné son septième Open d'Australie, Novak Djokovic, célèbre joueur de tennis, a déclaré : « J'avais visualisé que je pouvais jouer de cette manière-là. » Il se désigne comme un fervent partisan de la visualisation. Se visualiser comme un vainqueur aide à rester dans un état d'esprit positif. Les enfants peuvent donc programmer une réussite grâce à l'imagerie mentale. Cette puissante technique va permettre aux neurones miroirs de reproduire ce qu'ils imaginent. En croyant fortement en leur réussite, les enfants permettront à leurs actions d'aller dans ce sens.

PRATIQUE : LA MACHINE À VOYAGER DANS LE TEMPS

POUR RETROUVER CONFIANCE EN EUX, LES SUPER-HÉROS S'INSTALLENT À BORD DE LA MACHINE À VOYAGER DANS LE TEMPS !

Installe-toi confortablement et ferme les yeux. Prends le temps de respirer profondément. Ton corps devient calme et tranquille. Ta tête se met au repos. Laisse tes bras devenir tout mous. Essaie de sentir ton ventre qui bouge quand tu respires et laisse-le se détendre. Relâche ton dos et laisse tes jambes devenir toutes molles jusqu'au bout de tes pieds. Maintenant, imagine que tu marches dans un grand jardin. Tu aperçois quelque chose au loin… Tu ne sais pas trop ce que c'est… Tu t'en approches et tu découvres une machine spéciale. Toi seul peux la voir… Elle ressemble peut-être à une montgolfière, peut-être à un nuage, à une bulle ou à toute autre forme qui te plaît. Cette machine te permet de voyager dans le temps ! Tu montes à l'intérieur, tu prends les commandes et tu te mets à voler dans les airs. La machine remonte très rapidement le temps et tu vois toutes sortes de souvenirs défiler à travers le hublot. Tout à coup, elle s'arrête dans le passé dans une situation où tu as été particulièrement fier de toi. Peut-être que c'est un moment où tu as réussi un contrôle, à prendre la parole en classe, où tu as gagné à un jeu ou encore aidé un ami. Tu descends de la machine et tu vis ce moment de réussite comme si c'était la première fois. Tu te souviens de tous les détails : des couleurs, des sons, des personnes autour de toi. Souviens-toi comme tu étais fier quand tu as réussi ! Et retrouve en toi toutes les sensations et les émotions positives : la fierté, la confiance, le plaisir… Choisis quelques pouvoirs magiques qui t'ont aidé ce jour-là pour réussir. Prends-les avec toi et remonte dans la machine à voyager. Maintenant, la machine accélère très vite et atterrit dans le futur. Peut-être dans quelques jours, quelques semaines ou quelques mois. Elle peut te déposer dans une situation que tu appréhendes un peu ou simplement dans ton quotidien. Et tu vas pouvoir vivre cette situation avec tous les super-pouvoirs qui viennent de ton passé. Tu sens dans tout ton corps une grande force. Tu utilises tes super-pouvoirs pour te sentir mieux, pour ne plus avoir peur ou pour te sentir en confiance. Tu vis cette situation ou ce moment avec beaucoup de plaisir. Tu te sens bien et serein. Lorsque tu as terminé et que tout s'est bien passé, tu peux remonter dans la machine. Elle te transporte dans le présent et tu reviens là où tu es installé. Tu te sens en confiance. Tu sais que dès que tu en auras besoin, tu pourras retourner dans la machine à voyager dans le temps. Tu pourras récupérer des super-pouvoirs dans une situation du passé et les rapporter dans le présent. Tu pourras aussi aller dans le futur pour vivre un événement qui t'inquiète avec toute la force et les super-pouvoirs que tu as en toi. Maintenant, quand tu seras prêt, tu pourras bouger tout ton corps puis ouvrir tes yeux.

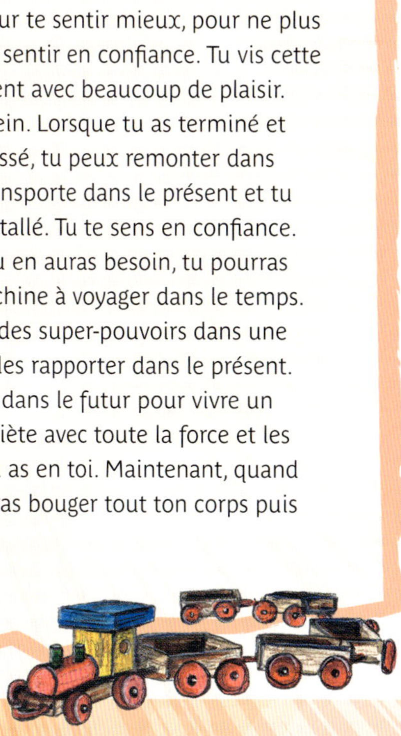

QUAND ?

Quand votre enfant appréhende un événement ou lorsqu'il doute de ses capacités.

COMMENT ?

Assis ou allongé dans un endroit où il ne sera pas dérangé.

LE PETIT + LUDIQUE

Votre enfant peut dessiner ou fabriquer sa machine à voyager dans le temps. Cela l'aidera à la visualiser, et il pourra s'en servir à chaque fois qu'il en aura besoin sans avoir besoin d'écouter l'histoire.

BÉNÉFICES DE CETTE PRATIQUE

Dans cet exercice de visualisation, il s'agit d'activer les capacités de votre enfant afin de les renforcer. En se remémorant une réussite passée, il prend conscience qu'il a des qualités, des talents, et qu'il est capable de réussir. Cela l'aide à se sentir plus fort et à être plus sûr de lui. Il peut aussi se projeter dans le futur pour se visualiser positivement dans une situation afin de se sentir plus en confiance. Il atténuera ainsi ses peurs, ses craintes, et pourra se sentir plus apaisé.

CONSEILS POUR LES PARENTS

Plus la visualisation est répétée, plus elle sera efficace. Cet exercice doit être effectué à un moment où l'enfant est particulièrement détendu et calme. Vous pouvez créer différentes visualisations et les modifier selon les besoins et les objectifs que votre enfant souhaite atteindre.

La confiance en soi est un travail quotidien. Elle se forge grâce aux encouragements, aux paroles bienveillantes et à l'amour inconditionnel que l'on porte à l'enfant. Elle peut se renforcer en mettant en place les exercices proposés précédemment. Il est possible que certains exercices soient plus appropriés que d'autres. Laissez à votre enfant la possibilité de choisir ce qui lui correspond le mieux. Grâce à cela, vous mettrez en valeur son potentiel. Votre enfant a besoin avant tout d'être compris et d'être considéré comme un être unique doté de capacités qui ne demandent qu'à être explorées. Croyez en lui et soutenez-le, cela lui donnera des ailes pour voler sur le chemin de la transformation. Si, malgré cela, son manque de confiance le freine beaucoup dans son quotidien, vous pouvez lui proposer un accompagnement thérapeutique.

Chapitre 8
Attention et concentration

« LIBÉREZ LE POTENTIEL DE L'ENFANT ET VOUS TRANSFORMEREZ LE MONDE AVEC LUI. »
MARIA MONTESSORI

Il n'est pas toujours facile pour les super-héros de réussir à bien se concentrer. Ne vous arrive-t-il jamais de relire plusieurs fois une même page d'un livre ? De faire répéter une question ou une phrase ? De regarder un film et de sentir le besoin de faire autre chose en même temps ? De nos jours, il est de plus en plus difficile de réussir à se concentrer pleinement sur une seule tâche. Entre les sollicitations et les notifications, notre attention n'est plus dirigée sur une seule cible mais se retrouve éparpillée ici et là. Dans un monde hyperconnecté, le cerveau doit traiter plusieurs informations à la fois. Les téléphones sur lesquels nous sommes constamment branchés nous surstimulent, et nous avons du mal à nous concentrer efficacement. Les personnes que j'accompagne me préviennent souvent : « Moi, je n'arrive pas à ne rien faire. Rester là, assis, fermer les yeux et méditer, ce n'est pas mon truc. » Lors de la première séance, certaines personnes ont parfois des difficultés à être complètement concentrées. Leur esprit s'échappe dans des pensées, des réflexions, des questionnements, ou elles ressentent le besoin de bouger, de faire quelque chose.

Elles pensent que la sophrologie n'est pas faite pour elles. Et bien souvent, elles sont surprises de constater qu'à la fin de la séance, leur attention est pleinement focalisée sur leur corps et leur respiration. Elles ont réussi à se concentrer et à lâcher prise.

Les troubles de la concentration touchent de nombreuses personnes. Ils affectent aussi bien les adultes que les enfants. À l'école ou à la maison, le manque de concentration est fréquent chez les enfants, et les causes peuvent en être multiples. De plus en plus d'enfants ont besoin de bouger constamment. Ils ne terminent pas ce qu'ils commencent, la moindre distraction les dévie de ce qu'ils font et ils s'éparpillent facilement. Un manque de concentration accru peut aussi révéler un trouble du déficit de l'attention et de l'hyperactivité (TDAH) qui devra être diagnostiqué par un professionnel de la santé. Mais tous les enfants manquant de concentration ne souffrent pas pour autant d'un trouble de l'attention. Plusieurs autres symptômes doivent être présents pour que le diagnostic soit posé. Leur cerveau n'étant pas encore mature, les enfants n'ont pas la même capacité de concentration que les adultes. Cette capacité innée augmente avec l'âge. Ainsi, un enfant de 5 ans n'aura pas la même qu'un de 10 ans. Cependant, de nombreux facteurs peuvent altérer la capacité de concentration. Le temps passé sur les écrans peut nuire à la concentration des enfants. Plusieurs études relatent en effet un lien de causalité entre le temps passé sur les écrans et une baisse des capacités cognitives, dont le niveau de concentration. Par exemple, la télévision, avec ses images rapides, fatigue le cerveau et accapare toute l'attention de l'enfant, ce qui va affecter sa capacité de concentration. D'autres facteurs comme l'hérédité, le manque de sommeil, l'anxiété ou le stress, une hypersensibilité ou des troubles sensoriels et cognitifs peuvent avoir pour conséquence un trouble de la concentration. Si un symptôme se manifeste, il peut être intéressant d'en rechercher la cause.

Un manque de concentration aura un impact négatif sur le développement des compétences sociales de l'enfant. Il peut conduire à des relations difficiles avec les autres enfants. À l'école, lorsque l'enfant manque de concentration, il apprend plus difficilement. Il aura du mal à écouter les consignes jusqu'au bout et se dispersera facilement. Il est important de prendre en considération les problèmes de concentration d'un enfant. Celui atteint de ce type de trouble peut éprouver une peur constante du jugement des autres. Il peut avoir besoin de l'approbation des autres pour se sentir bien. Ses réactions peuvent être exacerbées ou inadéquates. Il peut éprouver le besoin de bouger ou se replier sur lui-même. Cependant, de nombreuses solutions peuvent être mises en place pour améliorer la concentration et l'attention des enfants. La sophrologie dispose d'outils efficaces. Elle permet aux enfants d'être pleinement présents à ce qu'ils sont en train de faire. Grâce aux ateliers de sophrologie organisés lors de mes interventions dans les écoles, les enfants sont amenés à mieux écouter en classe et à mieux mémoriser. Ils apprennent à se concentrer sur eux-mêmes, leur corps et leur respiration. Diriger leur attention sur leur corps plutôt que sur ce qu'il se passe autour d'eux permet à leur capacité de concentration de se développer. Lorsqu'ils parviennent à se calmer et à s'apaiser, les enfants sont aussi plus disponibles pour apprendre.

PRATIQUE :
LA COULEUR SUR LE FRONT

LORSQUE LES SUPER-HÉROS ONT BESOIN DE SE CONCENTRER, ILS ACTIVENT UN POINT SUR LEUR FRONT !

ÉTAPE 1

Au milieu de ton front, tu imagines un point qui contrôle ta concentration. Pour l'activer, tu dois y déposer une couleur. Pour cela, tends ton bras devant toi, le pouce levé.

ÉTAPE 2

Imagine que tu trempes ton pouce dans un pot de couleur. Maintenant, inspire et bloque ta respiration.

ÉTAPE 3

Approche doucement ton pouce en le suivant du regard !

ÉTAPE 4

Lorsque ton pouce arrive près de ton front, tu peux fermer les yeux. Appuie sur ton front avec ton pouce pour y déposer ta couleur. Les yeux fermés, essaie de voir cette couleur au milieu de ton front.

ÉTAPE 5

Tu peux souffler par la bouche et laisser ton bras redescendre le long de ton corps. Maintenant que le point est coloré, ta concentration est activée !

QUAND ?

À chaque fois que votre enfant a besoin d'activer sa concentration, par exemple avant les devoirs.

LE PETIT + LUDIQUE

Votre enfant peut réellement tremper son pouce dans de la peinture pour rendre l'exercice encore plus amusant !

COMMENT ?

Debout, dans un endroit calme.

BÉNÉFICES DE CETTE PRATIQUE

Inspiré du yoga et utilisé en sophrologie, cet exercice permet de retrouver rapidement sa concentration et de fixer son attention. La fixation d'un point suivi de la fermeture des yeux favorise également la relaxation.

CONSEILS POUR LES PARENTS

Vous pouvez proposer à votre enfant d'utiliser cet exercice comme un interrupteur qu'il peut activer à chaque fois qu'il a besoin de se recentrer. Cela fonctionne aussi pour calmer le mental et atténuer les pensées parasites. L'enfant peut également y ajouter une attention positive comme : « Je dépose du calme dans ma tête. »

LES PETITS CONSEILS

Quelques règles de base sont nécessaires pour créer des conditions favorables au développement de la concentration et de l'attention.

LIMITER LES DISTRACTIONS

La surstimulation influence les capacités de concentration et d'attention de l'enfant. Afin d'éviter de trop le surcharger en informations, nous devons réduire tout ce qui pourrait le parasiter dans son environnement. Par exemple, en limitant le bruit autour de lui. Nous pouvons aussi diminuer le nombre d'activités et alléger ses journées en favorisant les activités calmes.

RÉDUIRE LE TEMPS DEVANT LES ÉCRANS

Nous l'avons évoqué précédemment, les écrans sont néfastes pour la concentration des enfants. Ils détériorent les capacités d'attention, et stimulent l'agressivité et l'agitation. Nous devons être particulièrement vigilants au temps passé devant les écrans. En diminuant ce temps, nous pouvons favoriser d'autres activités qui pourraient permettre à l'enfant de développer des capacités cognitives.

PERMETTRE À L'ENFANT DE BOUGER

Le besoin de se dépenser est très important chez les enfants, cela est essentiel à leur bon développement. Si son besoin de bouger n'est pas satisfait, l'enfant risque de ne pas réussir à se concentrer, ce qui pourrait augmenter son agressivité. Avant les moments où il doit rester concentré, il est important de prévoir des activités où il pourra se dépenser. C'est de cette façon que je commence chaque atelier de sophrologie avec les enfants. Je leur propose un temps où ils peuvent évacuer toutes les tensions de la journée. Ce type d'exercice favorise un retour au calme et une meilleure qualité de concentration.

INSTALLER LE CALME

Le stress est un facteur qui impacte les qualités de concentration. Nous devons privilégier des temps calmes avec des activités apaisantes qui pourront détendre l'enfant. L'enfant dispose ainsi d'un moment privilégié qui va lui procurer du bien-être. Cet instant relaxant renforcera sa qualité d'attention.

PRIVILÉGIER UNE BONNE QUALITÉ DE SOMMEIL

Un enfant avec un déficit de sommeil aura plus de difficultés à se concentrer. Nous devons favoriser une qualité et une quantité de sommeil suffisantes pour l'enfant. Il doit pouvoir se reposer suffisamment pour être en forme et pouvoir se concentrer plus facilement.

LUI DONNER QU'UNE CONSIGNE À LA FOIS

Toujours dans l'idée de ne pas charger l'enfant d'un surplus d'informations, il est important de lui donner une seule consigne à la fois. En effet, le cerveau humain n'est pas capable de réaliser plusieurs tâches simultanées. Pour que l'enfant comprenne ce que l'on attend de lui, chaque consigne donnée doit être claire, simple et précise.

METTRE EN PLACE DES ROUTINES

Les routines sont rassurantes pour les enfants : elles leur donnent des repères et structurent leur journée. Elles leur permettent d'être moins stressés et moins anxieux. Un enfant serein aura une plus grande capacité à bien se concentrer.

L'ENCOURAGER

Nous devons éviter de culpabiliser les enfants pour leur manque de concentration et d'attention. Il faut privilégier les encouragements, qui les aident à se motiver et à se concentrer. Les encouragements favorisent également une meilleure estime de soi.

S'ENTRAÎNER À ÊTRE ATTENTIF

Bien souvent, nous cherchons à remplir notre tête pour combler le vide. Nous allumons la télé ou la radio pour éviter le silence. Nous scrutons notre téléphone ou nos e-mails pour occuper notre esprit. Il en est de même pour les enfants qui ressentent le besoin de regarder la télé, de jouer aux jeux vidéo ou à la tablette. Il est plus facile de se tourner vers l'extérieur que vers l'intérieur. Cela occupe notre cerveau et nous évite de trop penser ou de réfléchir. Mais en adoptant ce fonctionnement, nous saturons rapidement notre cerveau et n'arrivons plus à être attentifs. Apprendre à être attentif est la clé de la concentration. Être attentif, c'est être pleinement présent à soi-même et aux autres, c'est agir en pleine conscience. Nous pouvons nous entraîner et entraîner nos enfants à être plus attentifs et davantage présents.

Dire aux enfants : « Sois attentif ! » est stressant pour eux, sans leur donner la solution pour y parvenir. L'attention s'apprend et se développe grâce à l'entraînement. Comme pour le sport, on réussit mieux en s'exerçant. Ainsi, on peut entraîner nos enfants à l'attention en leur apprenant à utiliser leurs cinq sens au quotidien, ce qui leur permet d'être plus attentifs et développe leur capacité d'écoute. Grâce à eux, les enfants peuvent apprendre à se focaliser sur une seule tâche en se tenant à distance de ce qui les parasite. C'est le meilleur moyen pour retourner à l'intérieur de soi et mieux se recentrer. Chaque jour, les enfants peuvent prendre plaisir à observer. Ils peuvent apprendre à être attentifs à leur corps. Sentir chacun de leur pas quand ils marchent. Accorder de l'attention à leur posture quand ils mangent, quand ils dorment ou quand ils courent. Ils peuvent sentir l'eau effleurer leur peau quand ils prennent le bain. Ils peuvent aussi être attentifs à leur respiration. Sentir le mouvement de l'air qui entre et qui sort. Sentir le mouvement de leur corps quand ils respirent. Ils peuvent apprendre à observer ce qu'il se passe autour d'eux. Regarder les couleurs et les formes des objets qui les entourent comme s'ils les voyaient pour la première fois. Ils peuvent être attentifs aux sons en se focalisant sur un bruit et observer à quel moment il commence et à quel moment il disparaît : « Y a-t-il un rythme ? Est-ce qu'il est proche ou loin ? Où est-ce qu'il se situe dans l'espace ? » Nous pouvons aussi leur apprendre à manger en pleine conscience. Ainsi, plutôt que de manger par automatisme, ils apprennent à être attentifs à chacune des saveurs : « Est-ce amer ? Est-ce sucré ? » Ils peuvent également faire l'expérience de découvrir les aliments sous un autre angle en mangeant les yeux fermés. À chaque bouchée, ils pourront être attentifs à leur façon de mâcher et faire part de ce qu'ils ressentent.

Pour être attentifs, nous devons apprendre à faire abstraction de tout ce qui peut détourner notre attention. En sophrologie, nous prenons conscience de ce qui nous empêche d'être totalement présents à la tâche. Nous apprenons à accueillir ce qui peut nous parasiter sans nous y arrêter : les pensées, les bruits environnants, les mouvements. Lorsque nous les avons identifiés, nous focalisons notre attention sur notre corps, notre respiration et nos sensations internes. Avec de l'entraînement, on parvient à couper ce qui perturbe la concentration, à apaiser le mental et à recentrer son attention.

Les enfants peuvent s'entraîner à l'attention à tout moment de la journée. Lors d'une promenade, ils peuvent s'arrêter et prendre le temps de sentir les fleurs, de toucher l'écorce des arbres, d'écouter le chant des oiseaux ou de savourer le goût sucré du fruit d'un arbre. Cela les aidera à se focaliser sur ce qu'ils font, et ils développeront ainsi une meilleure capacité de concentration. Dans une classe, nous avons fait l'exercice de l'objet mystère pour développer l'attention. Chacun des enfants a reçu un objet qu'il pouvait explorer avec chacun de ses sens sauf la vue. L'objectif était de les inciter à se concentrer sur l'objet durant plusieurs minutes : « Quelle est la texture de cet objet ? Émet-il un bruit ? Est-il chaud ou froid ? »

Ensuite, les enfants devaient deviner de quel objet il s'agissait et le dessiner. À la fin de l'exercice, ils pouvaient découvrir celui qu'ils avaient reçu et le comparer avec leur dessin. « Mais ce n'est pas du tout ce que j'avais imaginé ! » s'est exclamé l'un d'eux. Nous avons répété cet exercice sur plusieurs séances, et les enfants sont parvenus à mieux se concentrer sur l'objet mystère. Leurs dessins étaient de plus en plus représentatifs des objets qu'ils devaient deviner. L'entraînement à l'attention a ainsi favorisé l'apprentissage à l'école. Cet exercice permet aux enfants de percevoir la réalité sans jugement ni a priori.

PRATIQUE : LES MAINS MAGIQUES

POUR S'ENTRAÎNER À ÊTRE PLUS ATTENTIFS, LES SUPER-HÉROS SE SERVENT DE LEURS MAINS MAGIQUES !

ÉTAPE 1

Installe-toi dans une position confortable. Prends quelques respirations et laisse ton souffle détendre ton corps. Chaque partie de ton corps devient toute molle. À présent, place tes mains devant toi, les paumes face à toi. Elles vont devenir magiques !

ÉTAPE 2

Touche ton visage et découvre ta peau. Est-elle douce ? Est-elle froide ou chaude ? Concentre-toi sur la forme de ton visage en déplaçant tes mains pour le découvrir. Tu peux toucher tes cheveux et tes vêtements. Concentre-toi sur les sensations. Est-ce que c'est doux ? Est-ce que ça pique ? Grâce à tes mains magiques, tu peux laisser venir une sensation que tu aimes bien.

ÉTAPE 3

À présent, porte ton attention sur tes yeux. Place les paumes de tes mains sur tes paupières et joue avec la lumière en ouvrant et fermant les doigts. Grâce à tes mains magiques, tu peux faire venir une image que tu aimes bien.

»

ÉTAPE 4

Porte maintenant ton attention sur ton nez. Place tes mains sous ton nez et découvre l'odeur de ta peau. Concentre-toi sur la température du souffle qui sort de ton nez. Grâce à tes mains magiques, laisse venir une odeur ou un parfum que tu aimes.

ÉTAPE 5

Maintenant, concentre-toi sur ta bouche. En touchant ta bouche, tu peux découvrir le goût de ta peau. Tu peux sentir tes lèvres, tes dents, ta salive. Grâce à tes mains magiques, laisse venir une saveur qui te plaît, comme le parfum d'une glace ou d'un bonbon.

ÉTAPE 6

À présent, tu peux te concentrer sur tes oreilles. Place tes mains comme un coquillage sur tes oreilles. Porte ton attention sur les différents sons. Sois attentif à ce qu'il se passe quand tu mets ou enlève tes paumes sur tes oreilles. Grâce à tes mains magiques, laisse venir le bruit de la mer, un son ou une musique que tu aimes.

QUAND ?

Pour améliorer l'attention de votre enfant. Si votre enfant a beaucoup de préjugés, cela lui permettra d'ouvrir sa perception de la réalité.

LE PETIT + LUDIQUE

Votre enfant peut faire cet exercice avec un objet ou un aliment qu'il découvrira sous un nouvel angle !

COMMENT ?

Assis confortablement dans un endroit calme.

BÉNÉFICES DE CETTE PRATIQUE

L'éveil des cinq sens stimule l'attention et la concentration. Cet exercice offre aux enfants un nouveau regard sur le monde qui les entoure. Il aide aussi à se relaxer et se détendre. De manière générale, la concentration sur les sensations facilite la mémorisation et l'apprentissage.

S'ANCRER COMME UN ARBRE

Il peut être difficile d'être attentif et de bien se concentrer lorsque l'on pense trop. La plupart du temps, les ruminations incessantes viennent nous déranger et perturbent la concentration. Pour être plus attentif et pour mieux se concentrer, on peut apprendre à s'ancrer. L'ancrage, c'est sortir la conscience de sa tête pour l'installer dans ses pieds. Il va permettre de concentrer l'énergie au niveau du bas du corps pour se sentir pleinement présent, et être attentif à soi-même et au monde qui nous entoure. C'est un peu comme un arbre qui plante ses racines dans la terre, qui y puise ses ressources pour s'épanouir et grandir. Lorsqu'un arbre est bien enraciné dans le sol, il reste solide et ne bouge pas malgré les tempêtes et les orages. Quand un enfant se sent bien ancré, il est pleinement attentif, peu importe ce qui pourrait le perturber. En pratiquant l'ancrage, les enfants développent aussi la confiance et la sécurité quelles que soient les tempêtes qu'ils traversent. Les enfants qui ont l'esprit ailleurs et sont souvent dans la lune ont besoin de renforcer leur ancrage. Cela les aide à sortir de leur « rêverie » pour être pleinement présents et attentifs.

Il y a plusieurs façons d'apprendre aux enfants à habiter pleinement leur corps : la pratique du sport, les balades en nature, les baignades, les étirements. Toutes les activités où le corps est en action favorisent l'ancrage. Dès qu'un enfant se perd dans ses pensées, il doit revenir à son corps. Il peut bouger, tourner, sauter et même penser à ses pieds. Pour la plupart des enfants, rester statique est difficile à supporter. Ils peuvent avoir besoin de bouger pour réussir à se concentrer. Il faut donc éviter d'interdire à un enfant de bouger s'il en ressent le besoin pour faire ses devoirs. C'est la raison pour laquelle un enfant est rarement immobile lors d'une séance de sophrologie. Au contraire, nous privilégions les exercices de relaxation dynamique afin de permettre aux enfants d'être le plus attentifs possible. Cela les aide aussi à se détendre et à se calmer. Bien qu'ils bougent beaucoup, un grand nombre d'enfants bâillent et sont « vides d'énergie » après une séance de sophrologie.

L'énergie qu'ils déploient ne s'arrête pas dans leur tête mais doit circuler jusqu'aux pieds. En améliorant leur ancrage, ils améliorent leur équilibre et leur stabilité. Des éléments essentiels pour arriver à maintenir leur concentration. Sans racines, l'arbre tombe. Sans ancrage, on perd sa stabilité. Les racines doivent être plantées très tôt pour que l'enfant grandisse bien.

PRATIQUE : PLANTER SES RACINES

POUR POUVOIR MIEUX SE CONCENTRER ET ÊTRE PLUS ATTENTIFS, LES SUPER-HÉROS SE TRANSFORMENT PARFOIS EN ARBRES. FAIS COMME EUX !

ÉTAPE 1

Accroupis-toi et imagine que tu es une petite graine tombée du ciel.

ÉTAPE 2

Tu inspires par le nez et tu souffles par la bouche plusieurs fois. Tu te mets alors à pousser. Tu grandis et tu te mets debout. Te voilà devenu un bel arbre ! Ta tête devient le sommet de l'arbre, tes bras deviennent des branches, ton buste et tes jambes deviennent le tronc.

ÉTAPE 3

Prends conscience de tes pieds en contact avec le sol. Imagine les racines sous tes pieds qui poussent et s'enfoncent dans le sol. Tu es bien enraciné dans la terre. Ces racines deviennent de plus en plus longues.

ÉTAPE 4

Le soleil te nourrit, tu sens sa chaleur. Quand tu inspires, l'énergie de la terre passe par tes pieds et remonte jusque dans ta tête. Quand tu souffles, tu fais descendre l'énergie de ta tête jusqu'à tes racines, sous tes pieds. Ta respiration monte et descend dans ton corps comme la sève d'un arbre.

ÉTAPE 5

Oh, un coup de vent ! Tes branches bougent mais le tronc ne bouge pas, grâce à tes racines bien ancrées dans le sol. Tu es un arbre solide bien enraciné dans la terre.

QUAND ?

Quand votre enfant a besoin d'améliorer son attention et sa concentration. Cet exercice est aussi efficace pour améliorer la confiance en soi.

LE PETIT + LUDIQUE

Vous pouvez proposer à votre enfant de faire cet exercice dans la nature, pieds nus dans l'herbe au milieu des autres arbres.

COMMENT ?

Debout, pieds nus ou en chaussettes, pour favoriser la sensation d'ancrage au sol.

BÉNÉFICES DE CETTE PRATIQUE

En plus d'être une technique efficace pour améliorer la concentration des enfants, cet exercice a de nombreux bienfaits. Il permet aux enfants d'avoir moins de pensées négatives, de se sentir plus en confiance et en sécurité. Il les aide aussi à prendre leur place et à se sentir forts et solides.

Chapitre 9
Dans les bras de Morphée

« LE SOMMEIL EST LA MEILLEURE DES MÉDITATIONS. »
DALAÏ-LAMA

De la même façon que l'on clôture sa journée par le moment du coucher, il me paraissait évident de terminer ce livre par un chapitre sur la thématique du sommeil. Sans une bonne nuit de sommeil, il est difficile d'apprendre à gérer ses émotions, de se sentir bien dans sa peau ou d'avoir une bonne concentration. De la même façon, une nuit de sommeil peut être parasitée par des pensées ruminantes, des peurs, du stress ou de l'anxiété. Aussi vital que de manger ou faire de l'exercice, dormir est nécessaire à la vie. Les expériences scientifiques réalisées tant chez les humains que chez les animaux sont formelles : l'effet du manque de sommeil est irréversible. Celui-ci peut nuire à la production de l'hormone de croissance, ce qui affecte la croissance des enfants. Il peut également avoir un impact sur le métabolisme, la mémorisation et l'apprentissage. Un enfant qui rencontre des difficultés pour dormir apprendra moins bien à l'école. Il sera plus susceptible de développer des troubles du comportement, comme l'agitation ou l'agressivité. Pour bien grandir, il faut donc apprendre à bien dormir. Tous les super-héros ont besoin d'une bonne nuit de sommeil pour se sentir bien. C'est pourquoi un sommeil de qualité est primordial pour le bien-être des enfants.

Et pourtant, les troubles du sommeil sont fréquents chez les enfants : 16 à 27 % des enfants de 6 à 12 ans souffriraient de troubles du sommeil. Certains facteurs peuvent favoriser ces troubles. Parmi eux, de mauvaises habitudes lors de l'endormissement, la présence des parents au moment du coucher, la présence des écrans, qui empêchent la sécrétion de la mélatonine, l'absence de limites éducatives, le fait de boire un biberon avant de dormir ou d'avoir une mauvaise alimentation. Des facteurs organiques, médicaux ou psychologiques peuvent aussi être responsables des troubles du sommeil. Les états anxieux favorisent un sentiment d'insécurité et peuvent engendrer une insomnie. Lorsqu'un enfant rencontre des problèmes de sommeil, il est important d'en identifier rapidement la cause afin de les traiter au mieux. Plus l'insomnie sera prise en charge rapidement, plus il sera facile pour l'enfant de retrouver un sommeil de qualité. Quand une insomnie s'installe et perdure, elle peut engendrer une appréhension ou une angoisse d'aller dormir. Il s'ensuit un cercle vicieux dans lequel l'enfant va se conditionner à passer une mauvaise nuit.

Mathis, un petit garçon que j'ai accompagné, était terrifié par l'idée de dormir dans sa chambre. Il avait associé sa chambre et son lit à ses insomnies. Au moment d'aller se coucher, il était envahi par des angoisses, si bien qu'il dormait dans le lit de ses parents. Pour autant, ses problèmes de sommeil n'étaient pas résolus. L'apprentissage du sommeil passe par une étape clé, celle d'apprendre à l'enfant à s'endormir seul. Quelles que soient les difficultés que l'enfant rencontre pour dormir, il est essentiel de ne pas céder à sa demande de dormir avec ses parents, ou ses frères et ses sœurs. Il risque de développer une forme dépendance et aura d'autant plus de mal à s'endormir seul par la suite. Cela nuit également à son autonomie. En dormant ailleurs que dans son lit, l'enfant peut aussi perdre des repères importants pour lui. En tant que parents, nous devons l'encourager à dormir seul dans son lit en lui faisant comprendre qu'il est important pour chacun d'avoir son espace à soi. Avec de l'écoute et de la patience, nous pouvons aider notre enfant à rejoindre les bras de Morphée tout en douceur. Cependant, si des perturbations importantes s'installent durablement dans sa vie, il peut être nécessaire d'avoir un avis médical.

En tant qu'outil pour lâcher prise, la sophrologie intègre des techniques qui facilitent l'endormissement et améliorent la qualité de sommeil. Elle apprend aux enfants à prendre conscience des petits signes corporels qui pourraient leur indiquer l'envie de dormir. Plus l'enfant s'écoute et apprend à se connaître, plus il pourra repérer facilement les signaux propices à l'endormissement. En séance, les enfants apprennent à repérer ce qu'ils font au moment du coucher, puis visualisent un sommeil agréable jusqu'au réveil le lendemain. Grâce aux exercices, ils se relâchent et se détendent avant d'aller dormir. Les exercices de visualisation apportent des images positives et permettent aux enfants d'apaiser leur mental. L'enfant peut aussi découvrir en lui des ressources pour réussir à plonger sereinement dans le sommeil. Au bout de quelques séances, les bénéfices se font sentir : « Je jette toutes mes peurs et puis j'imagine de beaux rêves. Je relâche tout mon corps et je m'endors plus rapidement. »

PARTIR EN VOYAGE AVEC LE PETIT TRAIN

Dormir, c'est comme partir en voyage avec un train au pays des rêves. Chaque train correspond à un cycle d'une durée de 1 h 30 et chaque wagon représente les différents stades du sommeil. Les trains sont nombreux et le nombre de wagons varie selon l'âge des enfants. Chez le nouveau-né, chaque train est constitué de deux wagons : un wagon agité et un wagon calme. En grandissant, les enfants voient les voyages devenir plus longs, c'est-à-dire que les cycles se rallongent progressivement. Chez l'enfant à partir de 6 ans, le sommeil est composé de six wagons : l'endormissement, le sommeil lent très léger, le sommeil lent léger, le sommeil lent profond, le sommeil lent très profond et le sommeil paradoxal.

Vers l'âge de 2 ans : un enfant dort entre 11 heures et 14 heures par nuit, avec une sieste de 2 heures. Entre 3 et 5 ans, il dort entre 10 et 13 heures par nuit, avec une sieste d'une heure. Entre 6 et 12 ans, il dort entre 9 et 11 heures par nuit et ne fait plus de sieste.

La régularité de l'heure du coucher est la clé d'un sommeil réparateur et de bonne qualité. Un rythme irrégulier cause des accidents entre les petits trains, l'enfant dort moins bien et présente des signes de fatigue en journée. Lorsque l'enfant rate son train de sommeil, il doit attendre le prochain, 1 h 30 plus tard. Il se peut que certains enfants se réveillent entre les cycles. S'ils paraissent fatigués, nous pouvons les encourager à se rendormir. Nombreux sont les enfants qui essaient de retarder le moment du coucher ou se relèvent plusieurs fois, décalant parfois leur rythme. Dans ce cas, une petite aide extérieure, comme des exercices de sophrologie, peut s'avérer utile.

PRATIQUE : AU PAYS DES RÊVES

POUR BIEN DORMIR, LES SUPER-HÉROS VOYAGENT AU PAYS DES RÊVES !

Je t'invite à vivre un agréable voyage au pays du sommeil et des rêves… Confortablement installé, les yeux fermés, imagine un joli nuage qui vient te chercher. Un beau nuage doux, blanc et moelleux. Tu prends le temps de t'allonger sur ce beau nuage. Tu es bien, ton corps se dépose tranquillement. Le nuage s'envole dans le ciel et tu sens tout ton corps flotter. Tu respires profondément. Ton corps s'enfonce légèrement dans le nuage. Ton front, tes yeux, ton menton se relâchent. Les doux mouvements du nuage te bercent. Ta poitrine, ton dos, ton ventre se détendent. Tes bras et tes mains deviennent tout mous. Tu es très haut dans le ciel et tu te laisses transporter par le vent. Tes jambes et tes pieds sont tout relâchés. Maintenant que tu es bien détendu, le joli nuage te dépose tout doucement dans une jolie gare. Ici, tu vas pouvoir monter dans un train qui va t'amener au pays des rêves et du sommeil… En l'attendant, tu vois apparaître devant toi un grand coffre. À l'intérieur de ce coffre, tu vas pouvoir déposer toutes les choses qui t'embêtent ou qui t'empêchent de dormir : les petites pensées qui font la fête dans ta tête, les peurs, les punitions, les disputes… Pour cela, tu vas souffler très fort par la bouche. Lorsque tu souffles, toutes ces petites choses qui t'embêtent s'installent dans le coffre. Surtout, tu n'oublies rien, tu y mets toutes les mauvaises choses de la journée ! Souffle encore et encore jusqu'à ce que le coffre soit bien rempli. Tu souffles une dernière fois, et le coffre se ferme puis disparaît. À présent, tu te sens beaucoup mieux. Tout est calme et tranquille à l'intérieur de toi. À ce moment-là, le petit train arrive. Tu montes à l'intérieur et tu t'installes confortablement. Le voyage peut commencer. Tu prends le temps de respirer. Pendant que tu respires calmement, le train avance doucement. Et tu prends le temps de regarder les paysages à travers la fenêtre. Tu peux y observer de magnifiques fleurs, des arbres, des arcs-en-ciel, des étoiles lumineuses. Tu es en sécurité, tout va bien. Tu arrives bientôt à destination dans le pays des rêves. Dans ce pays, tu vas pouvoir passer une bonne nuit de sommeil. Tu pourras aussi y trouver toute l'énergie dont tu auras besoin pour passer une belle journée demain. En attendant, tu te reposes et tu te laisses emporter doucement dans le pays des rêves… Doucement… Tranquillement…

QUAND ?

Avant d'aller dormir.

LE PETIT + LUDIQUE

Pour accompagner cette petite histoire, vous pouvez mettre une musique douce et relaxante.

COMMENT ?

Allongé dans son lit.

BÉNÉFICES DE CETTE PRATIQUE

Cet exercice de visualisation va permettre de détendre votre enfant et l'aider à se libérer des pensées ou des peurs qui pourraient l'empêcher de dormir. Il va alors pouvoir reprendre confiance en son sommeil.

CONSEILS POUR LES PARENTS

Pensez à parler doucement, à voix basse et en faisant des pauses entre chaque phrase. Essayez de créer dans la pièce une ambiance douce, avec une lumière tamisée. Si votre enfant est trop agité en votre présence, vous pouvez enregistrer l'histoire au préalable et le laisser écouter l'audio tout seul. S'il a des réveils nocturnes, dites-lui que, grâce à son imagination, il pourra retrouver son train pour se laisser emporter par le sommeil.

LES PETITS CONSEILS

Plusieurs facteurs peuvent nuire au sommeil des enfants. Certaines habitudes de vie doivent être mises en place afin de favoriser un bon sommeil et une nuit réparatrice.

OBSERVER LES SIGNES DE FATIGUE

Apprenez à observer les signes de fatigue, comme le frottement des yeux et le bâillement. Lorsque l'enfant présente ces signes d'endormissement, il est préférable de le coucher afin qu'il prenne son train de sommeil au bon moment. Certains enfants manifestent d'autres signes de fatigue, comme de l'agitation, de la nervosité ou des pleurs. Apprendre à repérer ces signes vous guidera pour déterminer l'heure du coucher.

LA RÉGULARITÉ

Les heures de coucher doivent être régulières, en particulier chez les enfants qui ont des problèmes de sommeil. Ces horaires doivent tenir compte de l'âge et du rythme de l'enfant. De bons repères favorisent un bon sommeil. Si l'enfant se couche tard par rapport à son heure de lever, maintenez l'horaire de réveil afin d'éviter de décaler son rythme de sommeil. Le soir venu, l'enfant se couchera plus tôt.

LES RITUELS

La création d'une routine avant de dormir est l'une des clés pour aider l'endormissement. Cette routine doit être simple, et rester la même et dans le même ordre le plus souvent possible. Privilégiez l'installation de petits rituels d'environ 20 minutes pour rendre le moment du coucher agréable. Par exemple, vous pouvez donner un bain à votre enfant, puis lui raconter une histoire ou lui faire écouter une musique douce. La routine aide votre enfant à se préparer au sommeil. Il aura tendance à assimiler ces rituels avec le sommeil et s'endormira plus facilement. Ce moment doit être source de plaisir et de détente.

LES ÉCRANS

L'utilisation du téléphone, de la console ou de la tablette est associée à des problèmes d'endormissement. Ces appareils stimulent le cerveau et la lumière de leurs écrans nuit à la production d'une hormone, la mélatonine, indispensable au sommeil. Il est donc important pour les enfants d'éviter de les utiliser le soir.

UN TEMPS CALME

Évitez les activités physiques et stimulantes avant de dormir. Elles augmentent la température du corps. Or, pour se préparer au sommeil, le corps a besoin de se refroidir. Privilégiez des activités calmes qui favorisent la détente. Votre enfant pourra profiter de ce moment pour évacuer ses préoccupations, se calmer et se vider la tête.

CRÉER UN COCON

Privilégiez une atmosphère douce et favorable au sommeil. Aménagez un espace confortable où votre enfant aura ses repères. Vous pouvez par exemple tamiser les lumières, réduire le bruit, l'entourer de choses familières. Votre enfant doit se sentir en sécurité dans sa chambre. Une petite veilleuse peut être installée afin qu'il puisse se sentir rassuré.

L'IMPORTANCE DU LIT

Le lit de votre enfant doit lui servir pour dormir et rien d'autre. Il doit être associé à un moment de repos agréable. Votre enfant doit préférablement dormir dans le même lit pour ses siestes et pour la nuit. Il est important qu'il soit capable de s'endormir seul dans son lit. Il sera ainsi capable de se rendormir seul lors de ses réveils nocturnes.

LES RÈGLES

Établissez pour le coucher des règles claires, que vous respecterez. Soyez ferme sur cette routine. Sinon, votre enfant aura tendance à réclamer une deuxième histoire ou trouvera d'autres excuses pour retarder le moment d'aller dormir.

ET SI L'ENFANT EXPRIME DES PEURS OU DE L'ANXIÉTÉ VIS-À-VIS DU COUCHER ?

Proposez-lui une baguette magique qu'il pourra utiliser pour protéger sa chambre des monstres et autres fantômes. Vous pouvez lui installer un attrape-rêve en cas de cauchemars récurrents, en lui expliquant que cet objet attrapera tous les mauvais rêves. Vous pouvez aussi mettre en place des exercices de sophrologie. Dans tous les cas, écoutez les besoins et les sentiments de votre enfant, et ne les minimisez pas. Il a besoin de se sentir compris. Montrez-lui qu'il est capable de faire face à ses craintes et de les surmonter.
Si le sommeil de votre enfant est perturbé, la mise en place d'une routine et d'une atmosphère apaisante devraient répondre à ses besoins. Si ceux-ci persistent, il vaut mieux consulter un professionnel de santé. Les problèmes de sommeil doivent être pris en compte le plus tôt possible, car plus ils persistent et plus il est difficile de les corriger.

TRUCS ET ASTUCES

Pour aider votre enfant à s'endormir plus facilement, voici quelques petits trucs et astuces à appliquer juste avant le coucher.

ASTUCE N° 1 : LA BOÎTE À PANSER LES MAUX

Prenez une jolie boîte que vous pouvez décorer et que vous nommerez « La boîte à panser les maux ». Dans cette petite boîte, votre enfant pourra y déposer toutes les pensées ou les soucis qui l'embêtent avant de dormir. Il peut les écrire ou les dessiner sur un papier. Puis il les déposera dans la boîte pour avoir l'esprit tranquille et apaisé.

ASTUCE N° 2 : LE DOUDOU QUI DORT

Afin que votre enfant se prépare mentalement au moment du coucher, il peut s'amuser à endormir son doudou. Il peut même lui apprendre et lui faire appliquer des techniques qu'il connaît.

ASTUCE N° 3 : LE SOUFFLE QUI BERCE

Prenez la main de votre enfant, et invitez-le à inspirer quand vous la serrez et à souffler quand vous la relâchez. Comptez jusqu'à 5 à chaque inspiration et à chaque expiration. Vous pouvez pratiquer cet exercice durant 5 minutes. Cet exercice issu de la cohérence cardiaque aide à chasser le stress et à retrouver de l'apaisement.

ASTUCE N° 4 : LA PROTECTION

Invitez votre enfant à dessiner ou à fabriquer un personnage, une étoile ou une lune de protection. Le dessin ou l'objet pourra être accroché au-dessus de son lit afin de l'aider à s'endormir. L'enfant pourra lui confier toutes ses idées, ses pensées et ses peurs. Et de cette manière, il sera protégé toute la nuit.

ASTUCE N° 5 : LE MOT QUI ENDORT

Invitez votre enfant à choisir un mot qui pourrait l'aider à s'endormir. Vous pouvez lui donner des exemples : « calme », « détente », « sommeil »… Au moment d'inspirer l'air, il laisse venir son mot, qu'il peut prononcer mentalement. Au moment d'expulser l'air, il laisse ce mot s'installer dans son corps. Et il continue ainsi jusqu'à s'endormir.

ASTUCE N° 6 : JE PROGRAMME MON RÊVE

Proposez à votre enfant de programmer le rêve qu'il aimerait faire durant la nuit. Pour cela, il peut le visualiser, imaginer les couleurs, les formes, les sons… Laissez faire son imagination.

CONCLUSION

Après de multiples inspirations et expirations, ce livre s'achève. Il est temps de se quitter. Vous pensez que c'est terminé ? En réalité, c'est exactement le moment où tout commence vraiment. Au-delà de la respiration, ce livre pourrait vous inspirer. Il pourrait aussi vous permettre de souffler. De prendre un temps de pause dans le tumulte du quotidien. Il pourrait même emporter vos dernières pensées et vous donner des clés pour ouvrir une nouvelle porte. Derrière cette porte, un nouveau chapitre qui s'ouvre pour vous et votre enfant. Pour l'aider dans son quotidien mais aussi pour vous déculpabiliser en tant que parent, et découvrir en vous l'enfant que vous êtes. Peut-être que vous pourriez avoir envie de rencontrer votre enfant autrement. Et peut-être que vous pourriez avoir un nouveau regard sur vous-même pour retrouver confiance en vous. Avec de l'amour et de la bienveillance, on est capable de tout accomplir. Amusez-vous et prenez du plaisir à offrir votre présence. Apprenez à accueillir les émotions et toutes les sensations qui se manifestent, sans jugement et sans a priori. La sophrologie est une méthode douce et agréable à vivre. En offrant la pratique de ces exercices à votre enfant, vous lui faites un précieux cadeau qui l'accompagnera toute sa vie. Je fais le souhait que mes expériences et mon partage d'exercices vous apportent des solutions et vous offrent une belle rencontre avec la sophrologie.

REMERCIEMENTS

Je remercie Céline Morange, responsable du label Améthyste Éditions, de m'avoir proposé ce projet et de m'avoir accordé sa confiance.

Je remercie tous ceux qui m'ont inspirée. Tous les parents et les enfants que j'ai accompagnés et qui m'ont fait confiance. Je les remercie également pour leurs confidences et leurs témoignages. Je remercie les écoles et les élèves qui ont enrichi mon expérience. Tous les exemples présents dans ce livre sont puisés dans ma pratique professionnelle.

Je remercie mon compagnon, mes parents ainsi que mon frère, qui ont toujours cru en moi, qui ont su m'encourager et me conseiller.

Enfin, je remercie ma rencontre avec la sophrologie, qui a définitivement changé ma vie.

AVEZ-VOUS AIMÉ SUPER SOPHRO ?

Si vous avez aimé ce livre, nous aimerions vous demander une petite faveur en retour. L'écriture d'un ouvrage représente des mois de rédaction et souvent de longues années de travail en amont pour acquérir les connaissances nécessaires. C'est pourquoi, si vous le voulez bien, nous vous serions reconnaissants de prendre quelques minutes pour parler de ce livre autour de vous, à vos amis, à vos libraires, sur les forums, blogs, sites web, pages, réseaux sociaux, etc., mais aussi pour laisser un avis sur les sites de vente en ligne.

Vos commentaires participent beaucoup à la visibilité du travail de nos auteurs, mais les aident (et nous aident) aussi à mieux cerner vos attentes, à apporter des améliorations à leur travail et à écrire des ouvrages sur d'autres sujets qui pourraient vous intéresser.

Un livre ne vit et n'existe que lorsqu'il se partage et devient accessible à d'autres. Or, cela ne peut se faire que s'ils en entendent parler. Voilà pourquoi votre participation est aussi importante, et pourquoi nous nous en remettons à vous.

OUVRAGES DU MÊME ÉDITEUR

J'APPRIVOISE MES ÉMOTIONS EN MÉDITANT

AUTEURE : L'ÉVEIL D'AJNA

Une émotion > Une méditation

Être un enfant n'est jamais facile. Découvrir le monde engendre tout un tas d'émotions comme la colère, le stress, l'agitation, l'hyperactivité et la dissipation. Pourtant, un outil simple, facile et accessible à tous existe pour les aider : la méditation.

Au travers d'un livre imagé original et plein de charme, Lilou fera découvrir aux enfants comment gérer leurs émotions grâce à la méditation.

Un manuel ludique qui éveille la conscience des enfants de 4 à 7 ans.

Broché 21 × 21 - Illustrations couleur - 40 pages

LA MÉDITATION ZEN POUR DÉBUTANTS

AUTEUR : BENJAMIN W. DECKER

Maîtrisez 10 techniques de méditation en 10 jours seulement !

La méditation détient ces capacités « mystiques » à calmer et à guérir l'esprit. Elle modifierait même le cerveau sur le plan physique, le rendant plus efficace dans des zones associées à l'apprentissage, à la cognition mentale, à la mémoire et à la maîtrise des émotions.

La Méditation zen pour débutants est un guide interdisciplinaire sur dix techniques de méditation différentes, les traditions qui les mettent en pratique, les études scientifiques révélant leur efficacité physiologique et les instructions pour leurs nombreuses applications dans la vie réelle. Benjamin W. Decker, professeur de méditation expérimenté, y propose un programme de dix jours avec des instructions claires, étape par étape, personnalisables au gré de votre style de vie et de vos objectifs.

En parcourant ces pages, vous ferez l'expérience d'une connexion plus profonde à vos sens, à votre corps et à vos émotions, et aux étendues illimitées de votre mental penseur. Et la bonne nouvelle, c'est que tout ce qu'il vous faut pour commencer, c'est une chaise ou un coussin, un endroit tranquille, un minuteur et un carnet !

Alors, qu'attendez-vous ?

ⓘ Broché 15 × 21 - Illustrations couleur - 192 pages

CES HABITUDES QUI TE CHANGENT UNE VIE

AUTEURE : LÉA LABROUSSE

Osez enfin sortir de votre zone de confort !

Et si nous arrêtions, dès aujourd'hui, d'avoir peur de montrer notre véritable identité ?

Nous pourrions ainsi découvrir nos trésors enfouis, ceux-là mêmes qui n'attendent que d'être dévoilés...

Tout comme le battement d'ailes d'un papillon peut déclencher une tornade à l'autre bout du monde, des changements minimes dans votre vie peuvent avoir d'importantes et bénéfiques retombées sur votre quotidien. Plus facile à dire qu'à faire, pensez-vous.

Eh bien détrompez-vous !

Dans ce carnet de bord, vous trouverez douze rituels, un par mois, pour transformer votre vie et prendre enfin le temps de vous découvrir. Définissez vos objectifs, challengez-vous, initiez-vous à la méditation, au yoga, lancez-vous dans l'écriture, apprenez à gérer vos émotions, à faire confiance à votre intuition...

Bref, réécrivez-vous à l'encre de votre plus belle plume.

Changez vos habitudes... et vous changerez votre vie !

Broché 11 × 18 - Illustrations couleur - 144 pages

JE CHOISIS LE BONHEUR

AUTEURE : OPHÉLIE AMIOT

Tel un journal de bord d'aventures, cet ouvrage est un véritable guide pratique dans la quête du bonheur. Véritable outil de coaching accessible à tous, ce livre d'exercices va vous donner les clés pour transformer votre vie en moins de 10 minutes par jour.

Que contient-il ?

> Des exercices à remplir quotidiennement ;

> De nouvelles citations journalières pleines de boost et d'humour ;

> Un design fruité pour réveiller votre humeur et votre vie ;

> De quoi démarrer toutes vos journées du bon pied et prêt à conquérir votre destin.

Broché 15 x 21 - Illustrations couleur - 160 pages